教養としての
政治と経済

渡辺 修朗

学文社

はじめに

　私は教養とは「物語を知ること」だと思っています。物語とは，クイズのように「AはBである」というものではありません。物語とは「これが，あーして，こーして，こーなった」とか「ある人がこう思って，こうしたら，こうなった」という因果のつながりの話です。

　人間がマンモスやらオオツノジカの肉を焼いて食べていた頃の焚火でも物語は語られていたでしょうし，雪に閉ざされた東北地方の囲炉裏でも物語は語られ続けてきました。20世紀になって，それが洗練されて理論とか文学とよばれたり，数式で表現されるようになってもその本質は何も変わりません。

　そして，人間はこの物語を通じて「世界はどうなっているのか？」「今，自分がどういう状態にいるのか？」「これから何をすべきなのか？」ということを考えてきました。将来の展望を考えるとき，物語は不可欠なものなのです。

　21世紀初頭の今日，世界は混とんとしています。とりわけ技術と市場の変化は驚くほどです。

　技術についていえば，30年前には計算機（その前は木のソロバンでした！）とよばれた機械一台が全人類を合わせたよりも大きな能力を持つと心配されたり，ミドリムシが食用にされたり，VRで家の居間にいるのに友人と街でショッピングしたり？　と全く理解不能なことばかりで，いまだラインが使えない私ごときが語れる物語などあろうはずもありません。

　しかし，市場の方であれば，かろうじて，なにか物語のようなものが書けるのではないかという思いで本書を書き始めました

　本書の主人公は市場経済です。

　第1部では「市場経済とは何か」というテーマで，市場経済の特色についてみていきます。市場経済では，誰も命令する人が存在せず，各自が勝手に自分の欲望に従って行動するだけです。それなのに，きめこまかく人々の欲望を満たし，最適な資源配分を実現し，経済成長を可能にしていくという不思議なメ

はじめに

カニズムをもっています。この仕組みについて学んでいきます。

　第2部では「市場経済の成立」を概括します。市場経済が成立・発展していくためには，安全，インセンティブ，イノベーションが行える環境が不可欠です。市場経済をいち早く実現し，力強い発展を遂げたヨーロッパがそのような社会をどのように形成してきたのかをみていこうと思います。

　第3部では「資本主義の成立と課題」をみていきます。市場経済の発展が資本主義経済を生み出しました。この資本主義経済は生産性を拡大し，人々の暮らしを豊かにしていきましたが，その反面，貧富の差の拡大，植民地支配，と大きな課題も生み出しました，これらを「20世紀の危機」とよびます。

　第4部は戦後の日本経済の栄枯盛衰についてみていきます。戦後復興期，高度経済成長期，安定成長期と順調に推移してきた日本経済も，バブルの崩壊，その後の失われた20年と低迷を続けてきました。そして現在，高齢化の波と財政赤字が日本経済の大きな課題となっています。

　第5部ではアメリカ経済を中心に新自由主義と展開とリーマンショックの発生といった流れをみていこうと思います。

　「時代の変わり目には暴落がある」という言葉があります。リーマンショックは間違いなく"暴落"ですから，この言葉が真実であれば，今，われわれは時代の変わり目に立っています。そのような時，いたずらに将来を眺めるよりも，自らの歴史的な立ち位置を確認し，市場経済の大きな流れを見直していくことが非常に大切なことではないかと思われます。

　最後に，本書を書くにあたり，色々な方にご迷惑をおかけしました。期日を守らずご迷惑をかけた学文社のスタッフの方々，正月元旦や深夜に研究室を開けていただいた大学の守衛の方々に丁重にお詫び申し上げます。

2019年　春

編　者

目　次

はじめに　　iii

第1部　市場経済とは何か ─────────── 1

第1章　市場経済と競争　2
第1節　計画経済　3
第2節　市場経済　5
第3節　競争の話　6
第4節　"価格競争"をしないための方法　13

第2章　市場経済と資源の最適配分　16
第1節　企業家の重要性　16
第2節　資源の最適配分　20
第3節　「企業家」と「起業家」の違い　21

第3章　市場経済と価格　24
第1節　ミクロ経済学の系譜　25
第2節　需要曲線と供給曲線　31
第3節　需要と供給の変化への対応　37

第2部　市場経済の成立 ─────────── 43

第4章　市場経済が発展するためには　44
第1節　国家が武力を独占していること─安心して経済活動が行える社会─　44
第2節　国家が国民から収奪を行わないこと─インセンティブが持てる社会の形成─　47
第3節　国家が国民の発展を阻害しないこと─イノベーションが可能な社会─　50

目　次

第5章　中世ヨーロッパ世界　55
第1節　中世ヨーロッパ社会　55
第2節　人口の停滞とマルサスの『人口論』　62
第3節　農業革命　64

第6章　絶対王政と重商主義の時代　66
第1節　中世から絶対王政の時代へ　67
第2節　絶対主義王政　72
第3節　重商主義政策の問題点　78

第7章　市民社会と自由主義経済　81
第1節　国家は誰のものか―国民主権の実現へ―　82
第2節　市民社会の二つの理論　89
第3節　産業革命の進行　94

第3部　資本主義の成立と課題――――99

第8章　資本主義の成立　100
第1節　資本主義の形成　100
第2節　貧富の差の拡大とマルクスの『資本論』　104
第3節　世界分割―植民地支配から第一次世界大戦へ―　107

第9章　20世紀の危機　112
第1節　20世紀の諸相　112
第2節　アメリカの繁栄から大恐慌へ　116
第3節　第二次世界大戦への道　119

第10章　ケインズ型マクロ経済政策の登場　124
第1節　経済の大きさを決めるのは総需要か総供給か　124
第2節　ケインズ経済学の登場　127
第3節　ニューディール政策とマクロ経済政策の始まり　133

目次

第4部　日本経済の盛衰と課題 —————————————— 135

第11章　戦後日本経済の物語　その1　136
- 第1節　戦後復興期　137
- 第2節　日本型社会主義モデル　143
- 第3節　高度経済成長期（1956-1970）　145

第12章　戦後日本経済の物語　その2　150
- 第1節　日本経済の構造転換　150
- 第2節　1980年代の安定成長からバブル経済　157
- 第3節　その後の日本経済　163

第13章　日本の財政と高齢化問題　170
- 第1節　日本の高齢化　170
- 第2節　日本の財政制度と財政赤字　174
- 第3節　我が国の財政赤字と地方財政　182

第5部　新自由主義と未来 ——————————————— 189

第14章　新自由主義の時代　190
- 第1節　「大きな政府」の弊害　190
- 第2節　アメリカの新自由主義の展開　196
- 第3節　グローバリゼーションとIT革命の胎動　200

第15章　2000年以降の世界（サブプライムローン問題から世界同時不況へ）　205
- 第1節　アジア通貨危機　205
- 第2節　サブプライムローン問題と金融危機・世界同時不況　211
- 第3節　現代のアメリカと中国　219

主な参考文献一覧　222

教養としての政治と経済

第1部　市場経済とは何か

第1章　市場経済と競争
第2章　市場経済と資源の最適配分
第3章　市場経済と価格

　経済学の重要なテーマに資源の配分の問題があります。「誰が」「何を」「どれだけ」「どのように」生産するのか？　そして生産されたものを「誰に」「どれだけ」「どのように」分配するのかという話です。計画経済では，この問題を"人の手"によって解決しようとしました。中央政府が計画を立て，国民にその通りに実行させ，計画通りに分配していくという方法です。しかし，やはりこのような壮大な課題を扱うには"人の手"では無理がありました。1990年代に入ると計画経済をとっていた国は崩壊するか，市場経済化していきました。
　これに対して市場経済は実に不思議な仕組みです。誰も仕切る人がいません。市場関与者は，全員が自分の欲望を満たすことしか考えていません。企業家はより多くの利潤獲得を目指し，労働者はより多くの賃金の獲得を，消費者はより安価でいいモノを購入すること求めて行動しています。誰も全体のことなど考えていないのです。にもかかわらず，市場経済は，「消費者ののぞむモノを最も効率的な方法で生産することができる」「社会全体として効率的な資源の最適配分を実現できる」「市場に関与するすべての人々が満足するようにできる」「市場環境が変化したときでもそれに適切に対応できる」といったことを実現してしまうのです。それゆえ，アダム・スミスはこの市場経済の仕組みを"神の（見えざる）手"と表現しました。第一部ではこの市場経済の仕組みについてみていきます。

第1章
市場経済と競争

　あなたがある国の王様になったとしましょう。国民はとてもあなたを尊敬していて、どんな命令にも従ってくれます。また、わからないことがあれば何でも相談しに来てくれます。そんなある日、ひとりの国民があなたのところに相談にやってきました。

国民A：「王様。私は農民をやっております。今年はどんな作物を作ればいいでしょうか？」

親切な王様であるあなたは、

王様：「そうだな～。ニンジンなんてどうかな？　栄養あるよ。」

と答えてあげました。国民Aは「さすが王様！　ありがとうございました！」と感激して帰っていきました。

　ところが、次の日の朝、王宮の門番があなたの寝室に飛び込んできました。

「王様！　大変です！　門の前に大行列ができています。みんな王様に相談があるといっています！」

　急いで門のところに行くと、国民達が次々に質問してきました。

国民B：「私は羊を飼っていますが、羊毛はどこの誰に渡せばいいですか？」
国民C：「私は今年で学校を卒業しますが、どんな職業に就けばいいですか？」
国民D：「私は靴屋をしていますが、材料はどこから仕入れればいいですか？」
国民多数：「王様ー！　王様ー！」

　さて、あなたはなんと答えますか？　次の2つのなかから選んでください。

① 「わかった。すべて私に任せなさい！私がみんな決めてあげようではないか！」
② 「私にそんなこと決められるわけないだろ！みんなで勝手にやってくれ！」

第1章　市場経済と競争

● 第1節　計画経済 ●

　人が生きていくには，さまざまなモノやサービスが必要です。食料，洋服，机，テレビ，車，パソコン，クーラー etc…　しかし，それらを作るための資源は限られています。その限られた資源を使って「何を」「どれだけ」「どのように」生産していけばいいのか？そして作った製品は「誰に」「どれだけ」「どのように」渡せばいいのか？これらは経済学の最も基本的な問題であり，稀少性のある資源をいかに配分するかという選択の問題です。

　この問題について①のように「わかった。すべて私に任せなさい！私がみんな決めてあげようではないか！」と頼もしく答えたのが**計画経済**でした。

　計画経済は，共産主義体制の下で実施された経済制度で，ソビエト連邦，中国がその代表といえます。

　この計画経済では，上記の「何を」「どれだけ」「どのように」生産し，それを「誰に」「どれだけ」「どのように」配分するかという問題は，すべて政府が決定します。

　まず政府が「来年はこれだけのものが必要とされるはずだ」と予想して計画を立てます。次に，それをもとに国民に「今年は米を10万トン作りなさい」

図1.1　計画経済（例　ソ連　中国）

「5月には靴を5万個作りなさい」と命じます。生産された財は，政府の計画に従って，「あの町には何トン」「この村にはこれだけ」と配分していきます。

これがいかに壮大で大変な作業であるか想像してみてください。そもそも私達は，明日の天気すら満足に予想できません。それを来年，再来年，五年先まで予想して計画を立て，それを国をあげて実現していくのです。「予想が外れたらどうするんだろう？」「農作物とか天気に影響されるし，大丈夫なのか？」と心配になるところです。

事実，生産物の過不足は常に発生していました。ある村では小麦があり余っているのに隣の村では餓死者がでていたといった話は普通にありました。市場経済であれば小麦の余っている村から小麦の足りない村に小麦を運ぶというメカニズムが存在します。モノの余っているところで安く買い，モノの足りないところにもっていって高く売るという裁定取引です。儲かるのであれば必ず誰かが小麦を運んでくれますので，餓死者はでません。

しかし計画経済では，この"儲かる"というシステムは存在しません。ですから誰も小麦を動かそうとはしません。そのような"**インセンティブ（動機づけ）**"が存在しないのです。

生産体制にも問題がありました。政府から企業に対して出される命令は，「何を何トンつくれ」という量的な命令だけです。その命令を受ける企業のほとんどは国営ですからコスト意識はありません。新製品を開発しようというインセンティブももっていません。ただただ政府の命令に従って生産するだけです。新しい分野への研究開発も行われませんし，生産性を上げるための努力も行われません。労働者側にしても，がんばってもがんばらなくても分配されるものは同じですから，人並み以上に働こうというインセンティブは生まれてきません。当然，生産性は落ちていくことになります。

それでも重化学工業が中心であった1970年代まではなんとか優位は保ってこられました。しかし1980年代に入って新技術や精密技術が次々と製品に反映されるようになってくると，その優位も失われていきました。人々の嗜好が多様化し，新しい技術，新しいデザインが求められるようになると計画経済では対

応できないのです。1990年代に相次いで計画経済体制は終わりを迎えます。神ならぬ人間が，将来を予想し，経済のすべてを予見し，計画し，その通りに実施していくというのは無理があったのでしょう。

第2節　市場経済

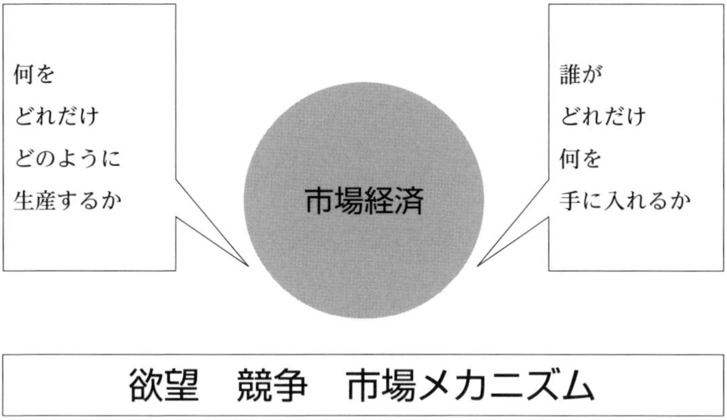

```
┌─────────────┐                    ┌─────────────┐
│ 何を        │      市場経済      │ 誰が        │
│ どれだけ    │                    │ どれだけ    │
│ どのように  │                    │ 何を        │
│ 生産するか  │                    │ 手に入れるか│
└─────────────┘                    └─────────────┘

         欲望　競争　市場メカニズム
```

図1.2　市場経済

　一方，②の「私にそんなこと決められるわけないだろ！みんなで勝手にやってくれ！」というのが，**市場経済**です。

　市場経済では誰も命令する人はいません。人々はただ自分の"欲望"のみに従って行動するだけです。とはいえ強盗やら殺人やらをしていいというわけではありません。ちゃんとした"市場のルール"に従って行動しなければなりません。市場経済とは各人が市場のルールに従って行動し，そこで得られる利潤や利益によって，自分の欲望を実現させていくという仕組みなのです。
この"市場のルール"とは以下の3つです。

> **市場のルール**
> ① 人々はいくらでもお金を稼いでよい
> ② そのためには"企業"を作って市場で競争しなければならない。
> ③ その競争に勝った者だけが利潤を得られる。

　不思議なことに，みんながこの市場のルールに従って，自分の欲望を実現させようとすると（理論上ですが…）財やサービスの分配が非常にうまくいき（これを**資源の最適配分**といいます），需要と供給が自然と一致していきます（これを**価格の自動調整機能**といいます）。

　それだけではありません。人々がそのように行動していくことで，経済，社会が著しく発展していきます。新しく発見された科学技術が早々に製品開発に利用されるようになり，みんながほしがるようなセンスのいい服や，おいしい食べ物が次々と生み出されてきます。人々を楽しませるもの，感激させる芸術やエンターティメントも創り出されます。医療技術が進歩し，食料生産も増加し，人々が健康で長生きできるようになります。

　なぜ人々が市場のルールに従って欲望のままに行動するだけで，このようなことがおきるのでしょうか。

　その背景には"競争"と"価格"があり，"市場メカニズム"が存在しているのです。

第3節　競争の話

　ここでは競争と市場について，具体的な例をあげながら解説していきます。以下，簡単な競争のストーリーを見ながら，市場というもの性質についてみていきましょう。

（1） 開業！　「人びとが求めているモノを売れば利潤が得られる」

暑い夏が続いています。そこで、駅前でジュース屋を始めれば儲かるのではないかと思いつきました。ここで儲けたいという欲望を実現するために企業を作るという市場のルールを実践しはじめたわけです。

早速に仕入れを行い、ジュースの販売を始めました。内訳は下の通りです。

支出		売上	利潤
レモン	2,000円	300円×40杯	9,000円
コップ	500円		
砂糖	500円		
支出合計	3,000円	売上合計　12,000円	

レモンを2,000円、コップ500円、砂糖500円で仕入れました。それを駅前に屋台を出して売るという簡単なビジネスです。

初日は大繁盛でした。たくさんのお客さんが買ってくれて、あっという間に売り切れになってしまいました。今日の売上は40杯。1杯300円に値段を設定していたので、なんと12,000円もの売上でした。この日の利潤は9,000円になりました。

> **競争のルール**
>
> その1　人々が求めているものを売れば利潤が得られる。

逆に言えば、「人々が求めていないものを売っても利潤は得られない」ということです。いくら店主が「俺のラーメンは絶対にうまい！」と主張しても、お客さんが食べてくれなければ利潤は得られません。そういう店はつぶれてい

きます。やはり人々がほしいと思うものを売らないといけないのです。
　もうひとつ。

> **競争のルール**
>
> 　その1′　たいていの場合，イノベーターは大きな利潤を得られる

　まだ誰も気づかなかったアイディアや新商品を開発して売り出すには非常なリスクがともないます。でもその市場にはまだライバルはいません。いくらでも売ることができます。それゆえ，はじめてその市場を開拓した人（イノベーター）は大きな利益を得ることができるのです。かつては日本のIT業界もこんな感じでしたし，Youtuberも同様です。はじめに"レジェンド"的な業界のスターが生まれ注目を集めます。そして人気と多くの利益を受け取ります。
　しかし，やがて多くの人々がその市場に参入してくるようになるのです。

（2）　ライバル登場！
「利潤がある限り参入は続き，厳しい競争が行われる」

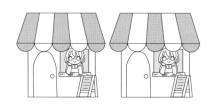

　次の日，「よし！　今日も頑張って儲けよう！」と思って店を開くと，あれ？　新しい屋台が並んでいるではありませんか！　この屋台もジュースを売るみたいです。ライバル出現！　市場のルールの二番目の競争が始まったのです。

支出	
レモン	2,000円
コップ	500円
砂糖	500円
支出合計	3,000円

売上	
300円×20杯	
売上合計	6,000円

利潤
3,000円

8

お客さんの半分がライバル店に流れてしまいました。その結果，売上は昨日の半分の6,000円です。今日の利潤は3,000円でした。

> **競争のルール**
>
> その2　利潤がある限り参入が続き，競争が行われる

　経済学では，人間をエコノミック・アニマルと想定しています。「少しでも儲けよう」「わずかな利益でも得よう」と必死になっている欲の深い人間です。そのため，「この仕事は儲かる」となれば，すぐにその仕事を始めようとします。こうして利潤のある限り参入が続き，市場では競争が行われるのです。

（3）　ついに利潤がゼロに！　　損益分岐点＝長期的均衡点

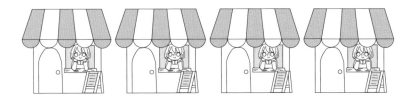

支出	
レモン	2,000円
コップ	500円
砂糖	500円
支出合計	3,000円

売上	
300円×10杯	
売上合計	3,000円

利潤
0円

　翌日，駅前に行ってみると，なんと屋台がさらに二軒も増えているではありませんか！　駅前広場はジュース屋だらけという状況です。がんばって売りましたが，来てくれたお客さんはたったの10人。売上は3,000円。なんと利潤ゼロという事態になってしまいました！　これでは仕事をしてもしなくても同じ

です。この日は「もう，この仕事やめようかな〜」と思いながら，トボトボと家路につきました。このように支出と収入が同じになる点を**損益分岐点**といいます。

> **競争のルール**
>
> その3　競争はやがて，収支が等しくなる損益分岐点にいたる。ここで企業の参入が止み，長期的均衡にいたる。

利潤がある限り企業の参入が続きます。参入が続くとやがて利潤が消滅する時が来ます。このとき収入と支出が等しくなっています。このように収支が均衡する点を**損益分岐点**といいます。この点では利潤が存在しないので，新しい企業は市場に参入してきません。ここで企業の参入が止みます。

この損益分岐点は**長期的均衡点**でもあります。

「収支0ならそのビジネスはやってもやらなくても同じじゃないか。仕事しても意味ない」と思いがちですが，そうではないのです。

たとえば，ある企業が，材料を仕入れた企業にその支払いを行い，銀行から借りたお金の利子を支払い，働いてくれた労働者に賃金を支払い，経営者としての社長にその報酬を支払ったとします。その結果，売上金の全部がなくなってしまいました。ここが損益分岐点です。しかし，この状況ではまだ赤字にはなっていません。誰も損をしていません。みんなが適切な報酬や支払いを受けて満足しているという状態です。ただ余剰の利潤がないというだけです。ですから，その会社がビジネスをやめる理由は何もありません。参入もなければ，退出もない。長期的視点からみれば安定的な市場となるわけです。

このような状況は，老舗の企業や成熟した産業の市場でみられます。そういった市場の企業では大きな利潤は得られませんが，新たな企業の参入もなく，安定的な収入を保持しています。逆に，IT産業や新しいサービス産業のような新興市場では，大きな利益が期待できますが，企業の参入と激しい競争が行われます。

（４） 市場からの撤退　　競争とはつらく苦しいもの

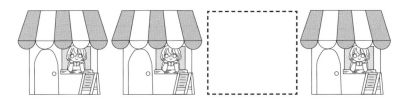

　次の日も駅前の広場に行ってみました。「ああ～今日も利潤ゼロかな～」と重い足取りです。すると，どうでしょう！　屋台が3件になっています。一軒は営業をやめてしまったようです。

　この日は13人のお客さんが来てくれました。支出条件は同じで，売上は3,900円。利潤は，900円ほどになりました。

支出	
レモン	2,000円
コップ	500円
砂糖	500円
支出合計	3,000円

売上	
300円×13杯	
売上合計	3,900円

利潤
900円

競争のルール

その4　競争に負けた企業は市場から退出していく

　損益分岐点近くで行われる競争は非常につらい戦いとなります。ほぼ利潤がゼロ。もしさらに企業が参入してきたら利潤はマイナスになるかもしれません。ライバル企業がちょっとでもコストダウンにつながるアイディアや技術を採用すれば，やはり赤字になってしまいます。当然，競争に敗れる企業も出てきます。そういった企業は市場から退出していきます。

（5） 価格競争へ突入　　価格競争の開始

　翌日もがんばって店を開きました。ところが，今日はひとりのお客さんも来てくれません。「どうしたのかな？」と不思議に思って他の店を見ると，なんと1軒のお店がジュースの値段を200円にしているではありませんか！　同じジュースであれば，お客さんが価格の安い方を選ぶのが当然です。結局この日は一杯も売れませんでした。

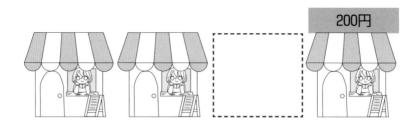

支出		売上	利潤
レモン	2,000円	300円×0杯	－3,000円
コップ	500円		
砂糖	500円		
支出合計	3,000円	売上合計　　　0円	

　あとで聞いた話ですが，ジュースの価格を200円にした店はレモン屋さんと交渉して，レモンの値段を半分にしてもらったそうです。

　今日は3,000円の赤字です。無言で店をたたんで帰りました。

> **競争のルール**
>
> 　その5　やがて競争は熾烈な価格競争へと突入していく

（6） そして競争は続く　　企業家の努力も続く

　次の日は，朝早く起きました。朝一番にレモン屋さんに行って安く仕入れる

交渉をするためです。さらに砂糖ももっと安く仕入れられる店から買おうと思っています。少し離れたところですが，自転車で行こうかと思っています。

その結果，安く仕入れることができました（1,900円）。なんとか1杯200円で売れそうです。今日は10杯売れたので，売上げは2,000円でした。利潤は100円になりました…。

支出	
レモン	1,000円
コップ	500円
砂糖	400円
支出合計	1,900円

売上
300円×10杯
売上合計　　　2000円

利潤
100円

このようにして，厳しい競争が続いていきます。そしてこのような厳しい競争に生き残った企業家のみが利潤を手に入れることができるのです。

> **競争のルール**
>
> その6　そして競争に勝ち残った企業家のみが利潤を得られる

第4節　"価格競争"をしないための方法

以上，競争というものをストーリーでみてきました。ここでとりあげたのは**価格競争**というものです。この価格競争こそが経済学，とりわけミクロ経済学で取り扱われている競争です。経済学は，この価格競争を中心に競争形態を考察し，それぞれの企業や消費者の行動を分析していきます

しかし，実際の市場においてはさまざまな競争方法が存在します。そもそも価格競争だけでは前節でみたような激しい競争に陥ってしまい，最終的には利潤がゼロの損益分岐点で長期均衡してしまいます。これは企業にとって非常につらいことです。そこで企業は価格競争に陥らないようにさまざまな方法をとろうとします。次章に進むまえに，少し脇道にそれて「価格競争をしない方

法」を見ていきましょう。

1）　他の企業に営業させないようにする。
　①暴力を用いて営業させない
　②資格制度を作って，市場に参入しにくくする
　③政府に規制してもらう
　④相手を買収（乗っ取る）してしまう

2）　価格以外のもので勝負する。
　⑤ブランドを確立する
　⑥内容で勝負する（技術，味，使いやすさ，健康的…等）
　⑦宣伝する

3）　別の場所に移る
　⑧賃金の安いところに移る
　⑨材料費の安いところに移る
　⑩売れるところに移る
　⑪別の売り方を考える

　1）は，直接的にライバルを市場に参入させない方法です。①の暴力を使うとうのはあまりお勧めしません。警察に捕まってしまいます。しかし，②，③の資格制度や政府による規制というのは合法的に参入者をなくす方法です。かつては「お風呂屋さんが近すぎると過度の競争が起きて不衛生になる」という理由で新規参入が阻止されたこともありました。

　2）は価格以外のもので勝負する競争で，むしろこちらが普通に行われている競争といえます。⑤のようにブランドが確立してしまえば多少高くても消費者は買ってくれるようになります。GUCCIだのPRADAといった有名ブランドだけではなく「日本米」のように安全な食品もブランドです。ジャニーズやAKBなどのアイドルもブランドといえます。要は顧客が「その商品であれば，多少高くても，是非ほしい」というものを確立してしまえばいいのです。⑥が普通の競争です。ラーメン屋さんは価格の安さで勝負するわけでなく味で勝負します。服もデザインや着やすさ等で勝負します。これらの競争を通じ

て，われわれの周りの財やサービスがよりおいしいモノ，美しいモノ，使いやすいモノになっていくのです。

　3）の別の場所に移るという方法も価格競争を避ける手段です。⑧や⑨のように原材料や賃金の安いところに移動するというのはグローバリゼーションの進む今日，多くの多国籍企業が実施しています。⑩の売れるところに移るというのは，単純に大きな街に移動するというのではなく，たとえばラーメン街道，お茶の水の古本街，銀座のブランド店など，同じ業種が集まるところに行くと顧客が集まりやすいといった手法等も含まれます。⑪の「別の売り方を考える」とは，普通の店舗による販売からネットによる通販への転換といったものです。古くは「富山の薬売り」といった置き薬も別の売り方といえます。

　このように企業は実際には，価格以外のさまざまな形で競争をしていきます。そしてその結果，消費者によりよいモノ，より安全なモノ，より……なモノを提供するようになり，人々の暮らしをますます便利で快適なものに変えていくのです。

第2章
市場経済と資源の最適配分

前章では、市場経済における競争についてみてきました。本章では、さらに市場経済の仕組みについて考察し、市場における競争が社会全体の効率的な資源配分も実現していることをみていこうと思います。

第1節　企業家の重要性

(1)　企業家の役割

市場経済において最も重要な役割を果たすのは企業家です。企業家は「儲けたい」「利潤を得たい」という欲求をもち、それを実現しようとして経済活動を始めます。第1章のジュース屋さんの話を続けましょう。

今、消費者が"甘くて、すっぱくて、おいしい飲み物"が欲しいという漠然とした欲求をもっていたとします。一方で世の中にはレモンもあり、コップもあり、砂糖も存在しています。でもその原材料と消費者をむすびつけるものがないのです。レモンやコップや砂糖を集めてきて、それを結びつけてレモンジュースを作り、それを消費者に渡すという役割を担うものが

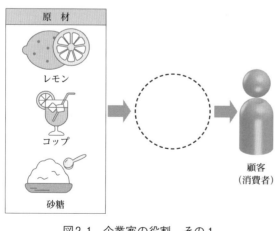

図2.1　企業家の役割　その1

存在していません。それが存在しない限り，消費者は永遠に自然界からレモンジュースとうモノを取り出すことはできません。その役割を果たすのが**企業家**なのです。

企業家は実に多くの仕事をしなくてはなりません。

まずは材料を集めなくてはなりません。レモンとコップと砂糖を買いに行かなくてはなりません。場合によっては人も雇うこともありますし，テントなどの設備も用意しなくてはなりません。その次は「組織作り」です。アルバイトを雇ったならば，勤務時間，賃金，仕事内容を決めなくてはなりません。「誰が，いつまでに，どのような仕事をするのか」を明らかにします。もっと商売の規模が大きくなれば，経理部とか人事課という組織も作らなくてはなりません。

そのうえで生産を行います。個人のジュース屋さんならば自分でレモンを絞ればいいだけかもしれませんが，組織がもっと大きくなって工場の設置ということになるとさらに大変です。効率的な機械と人の配置も考えなくてはなりません。工場をどこに建てて，倉庫はいくつ必要かなどさまざまなことを考えなければなりません。販売活動も重要です。「どこで売るか？」「どのように売るのか？」「宣伝の方法は？」「いくらで売るのか？」などなどを考えねばなりません。

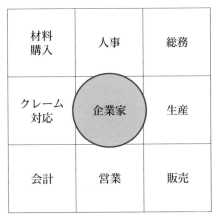

図2.2　企業家の役割　その2

企業家はこれだけの仕事をして，財を生産し，販売するのですが，それが売れるとは限りません。今度は市場で競争しなくてはなりません。そのうえで勝ち残った企業家だけが利潤を得られるのです。

私などは「いや…そんな頑張りたくないし…普通の暮らしで…」と思ったりし

ますが。そういう人は企業家にはなれません。企業家になれる人は，こんな苦労をしてもなお，「利潤を得たい」「ビジネスを続けたい！」という熱い情熱を持っていなければならないのです。

そしてそのような企業家の活動によって，われわれは日々の財やサービスを手に入れることができるのです。このように市場経済においては，企業家は非常に重要な役割を担っているのです。

（2） 競争

ここでA，B，Cの3人の企業家が市場で競争するとします。A，B，Cは，それぞれに材料を仕入れ，レモンジュースを生産し，露店で販売し始めました。ただし，それぞれのお店は，以下のような内容で経営をしています。

　A：100円で販売　砂糖ではなく醤油を入れて販売
　B：101円で販売　普通に砂糖を入れて販売
　C：100円で販売　普通に砂糖を入れて販売

最初にこの競争から脱落していくのは企業家Aです。醤油の入ったレモンジュースなど誰も望んでいません。誰も求めていないものを売っても利潤は得られないのです。人々の求めているモノやサービスを供給しなければ企業は存在できません。誰も必要としないものを売ろうとする企業は，早々に市場から撤退していきます。このように市場経済では，競争によって，消費者が求めているものを企業に供給させることができるのです。

次に，企業家Bと企業家Cの競争になります。今度はどちらもちゃんと砂糖を使っています。味も同じです。となれば，あとは価格競争となります。この場合，企業家Cが勝ちます。内容が同じであれば，たとえ1円でも価格の安い方が売れるのです。

第 2 章　市場経済と資源の最適配分

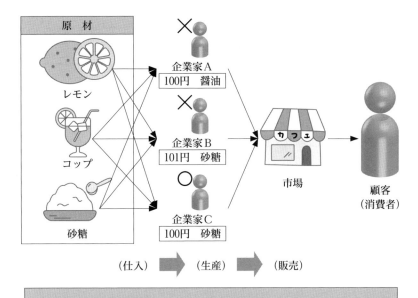

図2.3　競争の図

　企業家Bと企業家Cはなにが違っていたのでしょうか。もちろん価格が違っていました。しかし，なぜ価格が違っていたのでしょう？　答えは"効率"です。企業家Bも企業家Cも同じ条件でレモン，砂糖，コップを仕入れています。それにもかかわらず，企業家Bは101円になり，企業家Cは100円という価格になっています。これは，企業家Bが何か無駄なことをしているからです。レモンの絞り方が下手だったとか，レモンの切り方が厚すぎたとか理由は色々あると思います。どんな理由であれ，何か無駄なことをしているのです。企業家Cは無駄なことは一切していません。資源を効率よく利用して100円というもっとも安い価格で販売することを実現しているので。

　ここでは"最も効率的に生産する企業"が勝ち残ります。

　競争の結果として"人々の求めるものを，最も効率的に生産する"企業家が競争に勝ち残ることになりました。これを社会全体で見るならば，図2.3のよう

になります。

　それぞれの企業家は市場で競争を行います。その過程で"人々が求めていないもの"を生産する企業は消えていきます。次に"非効率な生産"をする企業も消えていきます。結果として，人々は，自分たちの求めるモノを最も効率的に生産する方法で財やサービスを得ることになるのです。

第2節　資源の最適配分

　今度は仕入れの段階をみてみましょう。企業は仕入れにおいても競争を行わなくてはなりません。もし他の企業よりも高い材料を購入すれば，それだけコストが高くなってしまうので，競争に負けてしまいます。市場で勝ち残るにはもっとも安く売ってくれる店から仕入れなくてはなりません。レモンならばa店，コップならばd店，砂糖ならばi店です。特に砂糖のh店とi店では1円しか差がありません。それでも市場における競争では，1円でも安い方が有利となってしまいます。

　これをa，b，cのレモン屋さんの方からみるならば，やはり1円でも安くしなければ競争に負けてしまいます。こちらの市場でも，少しでも無駄をなくして効率的な経営を行わなくてはなりません。そしてやはり"人々が求めるものを最も効率的に生産できた"a店だけが残ることになります。コップ市場でも砂糖市場でも同様の競争が行われます。

　その結果，すべての市場において，"人々の求めるものを，最も効率的に生産できた"企業だけが生き残り，レモンジュースの生産に関与することができるのです。これは社会全体についても当てはまります。

　これを**資源の最適配分**とよびます。市場経済においてはこのような競争を通じて資源の最適配分が実現されるのです。

第2章 市場経済と資源の最適配分

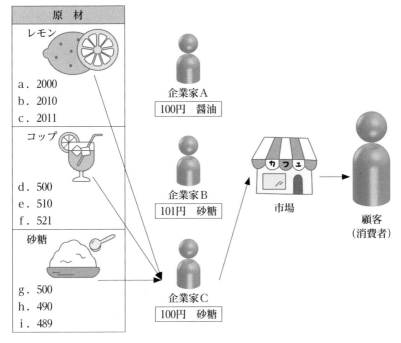

図2.4 資源の最適配分

● 第3節 「企業家」と「起業家」の違い ●

このように企業家は，企業を作り，材料を集め，それを結合させて財やサービスを生産し，市場で"人々ののぞむモノをもっとも効率的に生産"するという競争を行います。その結果，社会全体では最適配分が実現され，人びとの日々の暮らしが便利で豊かになっていきます。企業家は市場経済においては非常に重要な役割を担っているといえます。

ただ企業家はその大変な仕事をボランティアとしてやっているわけではありません。自分の「利潤を得たい」「お金を得たい」という欲求に基づいて，自分のためにやっています。ですからわれわれが企業家を必要以上にありがたがる必要はないのです。企業家が自分の欲望の実現のために頑張っているだけな

のに，結果として人々のためになっている。ここが市場経済の素晴らしいところといえましょう。

さて，もう少し「企業家はつらい」という話を続けたいと思います。

図2.4において企業Cは市場での競争に勝利しました。さまざまな努力の末，見事に利潤を手に入れることができました。「めでたし，めでたし」です。

物語ならばそれでいいかもしれません。しかし現実はもっと厳しいものですし，競争はまだまだ続きます。今後，もっと安くておいしいレモンが販売されるかもしれません。もっと効率のいい生産を行う企業Dが現れるかもしれません。あるいは「2 buy 1」のように2杯飲むと1杯おまけといった売り方を考える企業も出てくることもあるでしょう。もっといえば，人々がレモンジュースに飽きるという可能性もあります。要は，人々の好みも技術も常に動いているのです。社会が動いているのに以前同様の方法で経営を行っても勝ち続けることはできません。

こういった経済社会の変化と企業の関係について語ったのが**ヨーゼフ・シュンペーター**（1883～1950）でした。

シュンペーター以前の経済学者は，資源の最適配分が実現した社会を理想的な経済状態と考えていました。それはそうです。資源が必要なところに，必要なだけ配分され，それが最も効率的な生産方法で生産され，人々に最も安い価格で配分されるという社会が悪いはずがありません。

しかし，シュンペーターはそれを"沈滞"と考えました。資源の最適配分が実現している社会は"止まっている"というのです。それは一瞬を切り取ったベストショットの写真のようなものにすぎません。たとえそれが最高の一瞬をとらえたものであったとしても，現実の社会は動いています。人の好みも変わります。技術は革新されていきます。次々と新しいものも生まれてくるのです。

シュンペーターは言います。

「本来，市場経済は不断の**イノベーション**によって変化し続けるものである。企業者は"創造的破壊"を続けなければならない。」

シュンペーターによれば，企業者（アントレプレナー）は単なる経営者では

ありません。去年，一昨年と，毎年同じように資源を購入し，同じように生産し，同じ顧客に販売していくという均衡状態を維持しているだけでは，ただの管理者にすぎません。真の企業家とは全く新しいビジネス，全く新しい生産要素の結合をはじめる人物のことをいいます。このような新しいものを生み出す経営者を単なる「企業家」と区別する意味で「**起業家**」といいます。

　起業家が起こす新しいビジネス，新しい生産要素の結合を**イノベーション**とよびます。イノベーションは何も新しいビジネスを始めるだけではありません。新しい商品の開発も，新しい生産方法の導入も，新しい販売先の開拓もイノベーションに含まれます。さらにいえば，新しい原材料の購入先の開拓も，新しい組織づくりもすべてイノベーションに含まれます。要は，資源の最適配分の均衡状態を乱し，新しい流れを作り出すことをイノベーションといいます。

　イノベーションの例を出せばきりがありません。本の販売方法を変えてしまったAmazonや車の生産方法を変えたヘンリー・フォードの事例などは必ず経営学の授業では語られるところです。最近では電気自動車やドローンなどの新しい商品市場が注目されています。AKB48も立派にイノベーションです。CDに投票券が入っており，それで人気投票を行うなどは全く新しいビジネススタイルといえます。

　さて，このようなイノベーションが起きてくると，資源の最適配分＝均衡状態にあった経済に変化が起きてきます。新しい商品に押されて古い商品が消えていきます。石油産業が伸びれば石炭産業が衰退に向かいます。スマホはガラケーを駆逐しました。このように「新しいものが生まれて，古いものが消えていく」という過程，それをシュンペーターは**創造的破壊**と名付けました。

　経済は，けして資源の最適配分の均衡状態にあるのではなく，絶えずイノベーションと創造的破壊を繰り返すものである。そしてそれこそが経済発展であるというのがシュンペーターの理論です。

　市場は，資源の最適配分を実現する均衡状態と，それを乱す創造的破壊，イノベーションの繰り返しのなかで発展を続けていくのです。

第3章
市場経済と価格

　市場経済において重要な役割を果たすのは価格です。本章ではこの価格による**価格の自動調整機能**についてみていこうと思います。結論から先に書いてしまえば「価格は市場から送られるサインであり、企業や人々がそのサインに従って行動すれば……需給は自ずと等しくなり、人々ののぞみがかなえられるようになる」という話です。価格の自動調整機能によってこのようなことが実現されてしまうことを**市場メカニズム**といいます（以下「市場メカニズム」と記しますが、ほぼ「価格の自動調整機能」と同意です）。

　本章では、需要曲線と供給曲線を用いて、この仕組みをみていこうと思います。

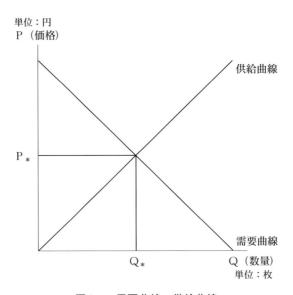

図3.1　需要曲線・供給曲線

第1節　ミクロ経済学の系譜

「水ほど有用なものはないが，水ではほとんど何も購買できないし，それと交換にほとんどなにも入手できない。反対にダイヤモンドは，ほとんどなんの使用価値ももっていないが，それと交換に非常に大量の財貨をしばしば入手することができる。」（『国富論』第4章）

経済学という学問が始まったのはだいたい18世紀のころだといわれています。もちろんそれ以前にも"経済"について書いた本はたくさんありました。古くは古代ギリシャのヘロドトスが書いた『歴史』にも経済学らしい記述があります。しかしそれらは哲学とか政治と微妙にまじりあっていて，純粋に経済学という分野が確立されるのは**アダム・スミス**（1723～1790）の『**国富論**』（1776）からと考えられてえいます。

それ以来，経済学者は主に2つのテーマについて考え続けてきました。

ひとつは「どうしたら豊かになれるか」という問題です。これは後にマクロ経済学といった分野に発展していきます。

もうひとつは「モノの価値は何によって決まるのか？」という問題です。アダム・スミスは「**水とダイヤモンドのパラドクス**」という問題を提起しています。「水は生きていくのに必要不可欠なのにその価格は安い。逆にダイヤモンドは人間の生存に必要もないにもかかわらず市場では非常に高い。これはなぜか？」というものです。その後さらに「しかし，砂漠で遭難したときには，水はダイヤモンド以上の価値を持つ。それはなぜか？」という問題まで加わり，「モノの価値を決めるのはなんなのか？」ということが経済学の大きな課題となっていきました。これを**価値論**といいます。

（1）　アダム・スミスの二重価値論

この問題についてのアダム・スミス本人の答えは「モノには使用価値と交換価値がある」というものでした。「水は穀物も育てるし，生物にとって非常に

大切なものだ。それゆえ使用価値は非常に高い。しかしそれを市場に持って行っても誰も交換に応じてはくれない。だから交換価値は低い。逆にダイヤモンドの使用価値は低いが交換価値は高い。」という内容です。しかしこの説明ではなにかすっきりしません。そもそも「一つのモノに二つの価値がある」というのでは非常にわかりにくい話です。私たちは「自分の履いている靴の使用価値はいくらで，交換価値はいくらだ」などとはいちいち考えません。

（2） リカードの**労働価値説**

デヴィッド・リカード（1772～1823）は，「モノの価値はそれを獲得するのに要した努力によって決まる」と主張しました。これを**労働価値説**といいます。アダム・スミスもこの労働価値説に立っているのですが少し曖昧なところがありました。これに対してリカードはきっぱりと「モノの価値はそこに投入された労働力によって決まる」と言い切ります。

たしかにダイヤモンドは多くの労働を必要とします。山から掘り出すのも，それを削るのも，カットして磨くのも大変な労力です。だから価格は高くなります。一方，水の方は簡単に手に入ります。雨の日にバケツを外に出しておけば勝手にたまります。だから価格は低くなるという考えです。

非常に明確でわかりやすい話ですが，この考え方にも問題があります。

山で狸(タヌキ)を捕ってきて，その皮で毛皮の襟巻を作ったとします。女性にプレゼントする場合，その狸の襟巻とミンクの襟巻，どちらが喜ばれるでしょうか？普通はミンクの毛皮の方が喜ばれます。でもどちらが労働を必要としたかといえば狸の方です。労力ほどには評価されていないのです。

また，労働価値説だと「なぜ砂漠では水がダイヤモンド以上の価値を持つのか？」という問題も説明できません。

労働価値説は供給サイドからしかモノの価値を考えていません。狸の襟巻の例のように，それをもらう相手側（すなわち"需要側"）の気持ちは考慮されていないのです。需要側の気持ちが考慮されるようになるのは次の限界革命まで待たなくてはなりませんでした。

（3）限界革命

　19世紀の中頃，**限界革命**とよばれる経済学上の一大発見がなされました。
　イギリスの**ジェボンズ**（1834～82）という経済学者が，この発見について兄に次のような手紙を送っています。

「…最も重要な公理の一つは，人が消費しなければならない任意の財，例えば日常品の数量が増加するにつれて，"使用された最後の部分から得られる効用"は，その度合いが減少していくということです…。」

　ここでは回転寿司の例をあげて考えてみましょう。回転寿司店に入って1皿目は非常においしく感じます。お腹が減っているからです。文中の"**効用**"とは，経済学では「おいしい」とか「うれしい」とか「楽しい」という気持ちを意味します。つまり「1皿目の効用は高い」ということになります。しかし，2皿目，3皿目…9皿目となってくるとかなりお腹いっぱいになっています。10皿目ということになってくると，もはやあまり「おいしい」とも感じられなくなります。すなわち「効用が低くなっている」のです。
　このような現象はわれわれの周りではいくつも起きています。楽しい遊園地も面白い映画も，おいしいラーメン屋さんも，何度も行けば飽きてきます。効用が低下してくるのです。
　ちなみに"使用された最後の部分から得られる効用"というのはミクロ経済学では**限界効用**といい，今，現在目の前にあって食べている1皿を意味します。一方，回転寿司店に入ってから今まで食べた皿のうれしさの合計を**全体（総）効用**といいます。
　すると「水とダイヤモンドのパラドクス」はこうなります。
　水はたしかにありがたいものです。しかし普通の状態ではどこにでもありますし，いく

	全体効用	限界効用
水	高い	低い
ダイヤモンド	低い	高い

らでも手に入ります。われわれはすでにさんざん水を飲み，水を利用してきているわけで，それの「最後の部分」といわれても，かなり使用したあとですから，それほどありがたいものでもないのです。回転寿司にたとえれば20皿目くらいのありがたさです。ですから限界効用はとても低くなり，それに対してお金を払って手に入れるほどの価値を見出せないのです。

これに対してダイヤモンドはどこにでもあるというものではありません。全体としての価値（全体効用）は水とくらべものにならないくらい低いものです。しかし，その「最後の部分」となると話は別です。そもそもはじめから持っていません。その"最初のひとつ目"ということなら相当に価値を持ちます。回転寿司の1皿目をはるかに上回るありがたさです。

この説明なら「砂漠の水がなぜダイヤモンド以上の価値を持つのか？」ということも説明できます。砂漠では水は極端に少なくなっています。今までも使用していません。そのコップ1杯（「最後の分」）が，ほぼ"最初のひとひとつ目"に相当します。それゆえ限界効用が高くなるのです。

このように，限界効用によってモノの価値が決まるという考え方は，全く新しいものでした。それゆえ，これを限界革命とよびました。

（4） ワルラスの稀少性の話

レオン・ワルラス（1834～1910）は，「モノの価値を決めるのは"**稀少性**"である」と主張しました。「もし，モノの価値が限界効用で決まるのであれば，それはその財が相対的に多いか少ないかによって決まる。すなわち"稀少性"によって決まるのである」というのです。確かに水はどこにでもありますから，需要に対して供給は相対的に多くなっています。稀少性は全くありません。ダイヤモンドはそれを欲しいと思う人に対して，その数は非常に少なくなっています。ですから稀少性が高いのです。このことを需要と供給の図3.2を使って考えてみましょう。

今，なにかのはずみで価格がP_1に決まったとします。この状態ですと需要はD_1となります。買う方は「安いのでたくさん買おう」と思っています。一

方,供給はS_1までしか行われません。売る方は「なんか安いので売りたくないな」と思っています。するとD_1-S_1だけの供給が不足します。ここに稀少性が発生します。稀少性が発生すればモノの価値は上昇していきます。やがて需給が一致するP_*に至りここで価格の上昇が停止します。

同様になんらかの理由によって価格がP_2に決まったとしましょう。この場合,いささか高いので需要側はD_2までしか購入しません。一方,供給側にとっては「高い価格で売れる」ということでS_2まで売りたいと思います。今度はモノが市場で余ってしまいます。すると稀少性が失われます。稀少性が失われるので価格は下がっていき,需給の一致するP_*で価格の低下が止まります。

私達は中学・高校で「需要曲線と供給曲線の一致したところで価格と数量が決定する」と教わりましたが,その背後にはこのようなメカニズムが存在していたのです。正しくは「需要曲量と供給量が一致するように市場が自動的に調整されていく」のです。市場が勝手に企業や消費者を導いて需要と供給が一致するように働くのです。これを「**市場メカニズム**」ないし「**価格調整メカニズ**

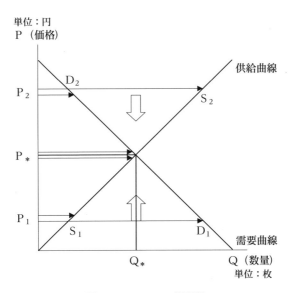

図3.2 ワルラス的調整

ム」とよびます。

（5） ミクロ経済学の大成

この「価値論（価格決定論）」を大成したのがケンブリッジ大学の**アルフレッド・マーシャル**（1842～1934）でした。ミクロ経済学を体系的にまとめた人物です。マーシャルは，この需要と供給の関係を「**ハサミの両刃**」と表現しました。マーシャルは「需要側にも需要理論に基づく価格と数量の関係があり，供給側にも供給理論に基づく価格と数量の関係が存在している」と考えます。これが需要曲線と供給曲線です。そして「双方の一致したところで価格と数量が決まる」と主張します。実はワルラスは「需要曲線と供給曲線」の図は使っていません。先の図3.3はワルラスの理論を分かりやすく説明するために書きました。正式な「需要曲線と供給曲線」を描いたのはマーシャルが最初といえます。

今度は縦に見ます。今，この財がQ_1までしか生産されていなかったとしま

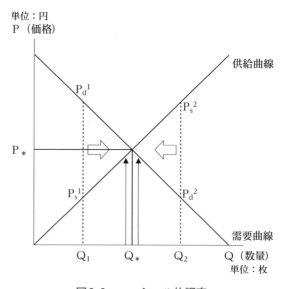

図3.3　マーシャル的調査

しょう。この場合，供給側は供給理論に基づいて P_S^1 だけいただければ満足だと思っています。しかし，需要側は需要側の理屈（理論）があり，「いや P_d^1 まで支払いましょう」と言ってきます。供給側にしてみれば，予想以上に高い価格を提示してくれるので，「それではもっと作ろうか…」ということになり，生産を拡大させていきます。

逆に，この財が Q_2 まで生産されてしまっているとしましょう。この場合，供給側は供給理論に基づいて，P_S^2 だけ払ってほしいと思っています。しかし，需要側は需要理論に基づいて「P_d^2 までしか支払えません」と言います。供給側にしてみれば，「いや，その価格ではちょっと…」という話になり，生産をひかえるようになります。

どちらの場合も最終的に Q_* に至ります。ここで供給側は払ってほしいと思うだけの価格を得ることができ，需要側は支払ってもいいと思った価格で財をえることができました。お互いに十分に満足できているのです。そしてここでも需要量と供給量が一致しています。

だれかが需要量と供給量を意図的に一致させたわけではありませんし，需要価格と供給価格を決めたわけでもありません。市場メカニズムが働いて，自動的にそうなるように調整されていったのです。

こうして決まった価格を**均衡価格**といい，数量を**均衡購入量**といいます。

少し長い話にいなってしまいましたが，以上が市場メカニズムの話であり，「需要曲線と供給曲線の一致したところで価格と数量が決まる」という，あの話の背後にある仕組みについての説明です。

第2節　需要曲線と供給曲線

ここでもう一度，需要曲線と供給曲線についてみてみましょう。

第1節では普通に需要曲線も供給曲線を出してしまいましたが，そもそもそれは何なのかということはまだ説明していませんでした。ここであらためて需要曲線と供給曲線についてみていこうと思います

ここではTシャツ市場を想定して話をすすめていきます。

（1）需要曲線

図3.4は需要曲線を表わしています。

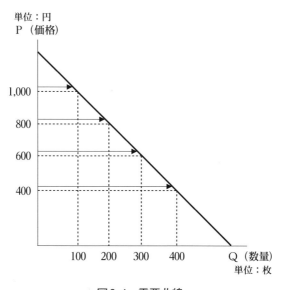

図3.4　需要曲線

今，Tシャツを売っている企業が，そのTシャツの価格を決めようとしました。そこで1,000円という値段を設定しました。これに対するお客さんの反応（需要量）はあまりいいものではありません。100人くらいしか買ってくれません。供給側の「1,000円くらいで買ってくれないかな？」という問いかけに対して「いや，高すぎて手が出ません…」というのが市場の反応でした。

そこで800円に値下げしてみました。それに対して「まだちょっと高いかな？」ということで200人という市場の反応がかえってきました。このように，ある価格に対する市場の反応を表わしたものを**需要曲線**といいます。

（2） 需要曲線のシフト

　ここで，Ｔシャツの人気があがったとします。すると需要曲線の右上方シフトがおきます。800円という価格では今まで200人しか買ってくれなかったのが，300人も買ってくれるようになりました。同じように600円では300人しか買ってくれなかったものが400人も買ってくれるようになりました。

　逆に，今度はＴシャツの人気が下がったとします。この場合には需要曲線は左下方にシフトします。同じ価格であっても買ってくれる人が減ってしまいます。以前なら800円という価格であれば200人買ってくれたのが100人に減ってしまいます。600円なら300人買ってくれたのに200人に減ってしまいました。

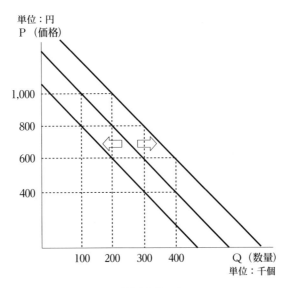

図3.5　需要曲線のシフト

　このように需要曲線は人々の嗜好の変化に対応して変化していきます。

（3） 供給曲線

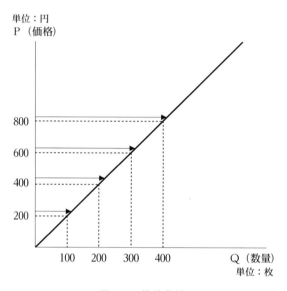

図3.6　供給曲線

　図3.6は供給曲線をあらわしています。今，Tシャツの市場価格が800円だったとします。この場合，供給側は，売上価格が相当に高いので「もっと多くの生産をしてもいいかな」と思います。生産は400枚まで行われます。

　次に市場価格が600円になったとします。少し経営が厳しくなってきました。
　雇用を減らしたり，材料の購入を減らしたりして，生産量を調整します。このときの生産は300枚になりました。以下，400円の時には200の生産，200円の時には100の生産となっていきます。

　このように，ある価格に対する供給側の反応をあらわしたものを**供給曲線**といいます。

（4） 供給曲線のシフト

今度は供給曲線の動きについてみていきましょう。

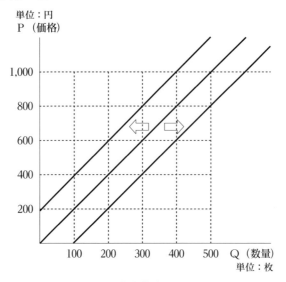

図3.7　供給曲線のシフト

ここで新しいプリント技術が開発されたとします。企業は，同じ費用でより多くのTシャツを製造できるようになりました。その結果，供給曲線は右下方にシフトします。今までは600円という価格の下では300枚の製造が可能でした。しかし新しいプリンター技術の導入により，400枚まで製造できるようになったのです。同様に800円では400枚の製造行われていましたが，500枚までの生産が可能となりました。このように企業に生産活動に有利に作用する事例，生産費を引き下げるような技術革新，原材料の値下げ，賃金の低下などは供給曲線を右下方にシフトさせます。

逆に企業の生産活動にマイナスを与えるような行為は供給曲線を左上方にシフトさせます。原油価格の上昇，賃金の上昇，原材料費の高騰などは，それまでと同じ生産状態を維持することを困難とさせ，より少ない量しか生産できなくなります。

供給曲線は生産条件の変化に対応してこのような動きをしています。

（5） 均衡点で起きていること

では，需要と供給の一致した均衡点では何が起きているのでしょうか。ここでは均衡点で起きている現象についてみていきましょう。

まず均衡点においてはQ_dとQ_sが一致しています。これは供給側の「売りたいと思う量」と需要側の「買いたい思う量」が一致していることを意味しています。過不足は起きていません。

同時に均衡点においてはP_dとP_sも一致しています。これは供給側の「支払ってほしい」という価格と需要側の「支払ってもいい」と思っている価格が一致しており，双方ともに満足のいく状態になっています。

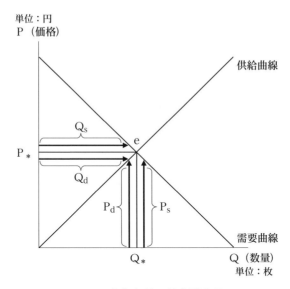

図3.8　均衡価格と均衡購入量

市場経済においては，誰も意図していないにもかかわらず，市場メカニズムの働きによって，市場関与者（需要側と供給側）のお互いが満足し，なおかつ財の過不足が発生しないという最適な状態が実現できてしまうのです。

第 3 章　市場経済と価格

―――●　**第 3 節　需要と供給の変化への対応**　●―――

それでは市場を取り巻く環境が変化してしまった場合はどうなるでしょう。結論から先に書いてしまえば，そのような事態にも市場は市場メカニズムを適切に働かせ，新しい環境に適応していく機能を持っています。以下いくつかの例をあげてこのことをみていこうと思います。ここでもＴシャツ市場を例にとって考えます。

（１）　Ｔシャツの需要が増加した場合

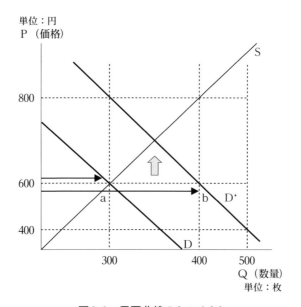

図3.9　需要曲線のシフト(1)

突然，Ｔシャツの人気がブレイクしてしまいました。この現象は需要曲線の右上方シフトとしてあらわされます。需要曲線はＤからＤ'にシフトします。需要曲線のシフトはおそらく一瞬です。"ブレイク"ですから，人気が出はじめて，多くの人々がこのＴシャツを買うようになるにはそれほどの時間はかか

らないはずです。しかし供給はそうはいきません。「先月も，先々月も300個生産してきたのだから…」と，今月も300の生産を行うつもりで準備してきました。人も原材料も300個を生産するのに最も適切な量だけ雇用しています。それで今月もやはり300しか生産していません。

すると，600円という価格に対応して300の供給と400の需要となっています。その結果，100（b－a）だけの供給不足が発生します。ワルラス的にいえば，市場におけるモノの不足は稀少性を発生させることになります。価格は次第に上昇し始めます。

価格の上昇につれて，供給量は増加し，需要量は減少していきます。

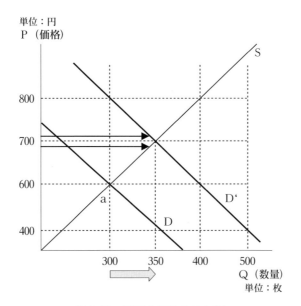

図3.10　需要曲線のシフト(2)

やがて市場価格が700円になりました。ここで需要量と供給量が一致します。過不足が解消され，稀少性の問題も解決しましたので，これ以上の価格の上昇は起きません。再び市場が均衡状態になったのです。今度は700という均衡価

格の下で、均衡購入量350を実現しています。

ここで注目してほしいことは、"供給量が増加している"ということです。300から350に増えています。

はじめに人々はこのTシャツを買いたいと思いました。「もっとTシャツがほしい」という"のぞみ（欲求）"を持ちました。すると市場がそれに反応して市場メカニズムを働かせてTシャツの生産を増やしたのです。その結果、より多くの人々がこのTシャツを手に入れることができるようになりました。人々の"のぞみ（欲求）"が、いつの間にか実現されてしまっているのです。

(2) 供給曲線のシフト

今度は供給曲線の動きについてみていきましょう。

ここで以前みたように新しいプリント技術が開発されたとしましょう。

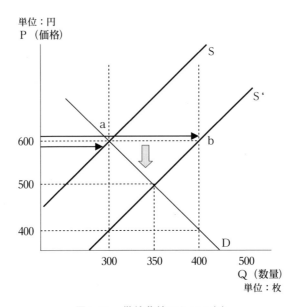

図3.11　供給曲線のシフト(1)

短期的には，需要は300のままです。新技術が開発されたからといっても，それは供給側の問題であり，需要側には関係ありません。人々は別にこれ以上Tシャツを買いたいとも思っていません。需要量は相変わらず300のままです。一方で，供給量は増加します。新しいプリンターは今までの何倍もの速さで絵柄をプリントしてくれるようになりました。600という価格で400まで生産が可能となりました。

その結果，超過供給が発生し，モノが余ってしまっています。市場でモノが余れば，稀少性が失われ，価格は低下し始めます。

価格の低下にともなって，企業間の競争は厳しさを増していきます。企業は他の企業よりも安い価格で販売しようとします。価格競争がはじまります。価格を引き下げられる企業が市場で生き残り，それができない企業は市場から退出していきます。価格は徐々に低下していき，需要は増加し，供給は減少していきます。

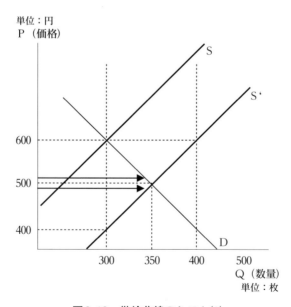

図3.12 供給曲線のシフト(2)

やがて価格は500円まで低下していきました。ここで需要量と供給量が一致し，稀少性の問題も解決しました。もうこれ以上，価格は下がりません。価格500円，取引量350で均衡しました。

ここでも取引量が増えていることに注目してください。技術革新がその財の価格を低下させ，より多くの人びとにより安い価格でTシャツを手渡すことができるようにしたのです。技術革新の成果が多くの人びとに共有され，人々を豊かにすることができるようになったのです。

（3） 市場メカニズムのまとめ

市場経済においては，市場全体を支配したり，命令したりする者は存在しません。市場のルールに従って，各自がその欲望を実現しようと競争を行っているだけです。しかし，この競争によって，財が欲しいと思っている人のところに，欲しいだけいきわたるようになりました。資源も無駄なく最適に使用されるようになり，社会全体としては資源の最適配分が実現されています。さらに市場の変動に対しても適切に対応し，需給を一致させ，人々の満足のいくような取引を実現させるような均衡点に向かわせようとします。これが市場経済の持つ市場メカニズムというものです。

人々が自らの欲望に従って行動しているにもかかわらず，それが社会全体のためになっているというこの仕組みは実に不思議なものです。イギリスの政治風刺家**マンデビル**（1670-1733）はその詩集『蜂の寓話』のなかで「巣の中では個々の蜂たちが醜い私欲と私益の追求にあくせくしているにもかかわらず，巣全体では力強く富み，力強い社会が営まれている姿を描き，「私的悪徳が公共的利益につながる」と述べています。

マンデビルのこの指摘は後にアダム・スミスによって引き継がれ，自由主義経済の理論のなかで「神の見えざる手」として語られることになります。

第 2 部　市場経済の成立

第 4 章　市場経済が発展するためには
第 5 章　中世ヨーロッパ世界
第 6 章　絶対王政と重商主義の時代
第 7 章　市民社会と自由主義経済

　第1部では市場経済の性質についてみてきました。市場経済においては，各自がその欲望を実現しようと行動しているにもかかわらず，その財が欲しいと思っている人のところに，欲しいだけいきわたるようになります。資源も無駄なくいきわたり，社会全体で最適な配分が実現されます。このような仕組みを「市場メカニズム」といいます。
　しかし，このような市場メカニズムが実現するのは奇跡的なことです。人類は有史以来，このような仕組みを確立できないまま，長い間，貧困に苦しんできました。ところが，それをヨーロッパ諸国が実現させてしまいました。
　ヨーロッパは18世紀には，主権は「国民主権」に，政治は「議会制民主主義」，経済は「自由放任主義」という「市民社会」を生み出しました。そしてその中で市場経済を確立したのです。これ以後，ヨーロッパは科学技術の発展を積極的に取り入れ，産業革命を実現し，資本主義を発展させていきます。
　第2部では「なぜ，ヨーロッパはこのような社会を実現できたのか」ということを追求していきたいと思います。

第4章
市場経済が発展するためには

前章までで市場経済の働きとその特徴についてみてきました。

実に素晴らしい仕組みで，いいことだらけのように思われます。「だとしたらすべての国々が市場経済を実現したらいいではないか。そうしたらみんなが豊かになって，幸せに生きられるではないか」と思いたくなります。

しかし，現実にはそううまくいきません。なぜなら，市場経済が実現し，維持され，発展していくのは"奇跡的"なことだからです。それには少なくも

① 安心して経済活動が行えること

② インセンティブが持てること

③ イノベーションが可能であること

といった条件が必要です。そしてそれはひとえにその国の政治の在り方と密接に関係しています。本節では，*Daron Acermoglu & James A. Robinson* の著『*Why Nation Fail*』で書かれたいくつかの事例をみながら，市場経済が実現し，維持され，発展していくための最低限度の条件を考えていこうと思います。

第1節 国家が武力を独占していること
― 安心して経済活動が行える社会 ―

ソマリアという国では現在でも海賊がでます。アデン湾とインド洋のソマリア沖を航行している船が武装した海賊に襲われるそうです。もともとは普通の漁民だったのですが，武器が容易に手に入るために，船を襲い，それで得たお金でさらにいい武器を買って海賊業を成長させてきました。今ではロケット弾まで持つようになったそうです。

第4章　市場経済が発展するためには

　一方、2009年のフィリピンのミンダナオ島では、『知事選をめぐって地元政治家の親族57人が殺害され、警察と地元有力者の私兵が激しい銃撃戦を展開した』という事件が報じられました。選挙に立候補するだけで、一族まで殺されたり、"私兵"がいたり"銃撃戦"が行われるところが世界にはあるのです。

　マックス・ウェーバー（1864-1920）というドイツの政治学者は「国家とは何か？」という問題に対して「合法的な暴力の独占である」と答えました。われわれ平和に暮らす日本人にとっては「？？？」という答えです。しかし、ソマリアやミンダナオ島の話を聞くとなんとなく理解できると思います。このような人びとのいるところでは安心して経済活動などはできません。生存していくことすら困難です。しかし現在でもゲリラや海賊が出る国はたくさんあります。海賊やゲリラ、軍閥やギャングといった武装集団や、私兵を持った人物がいる国はたくさん存在しています。

　市場経済が成り立つためには、最低限必要とされものがあります。そしてそれらは、国家がしっかりと武力を独占していなければ供給不可能です。

　まず市場経済が成り立つには「私有財産制の確保」が絶対に必要です。いくら企業家が努力して利潤を得ても、ゲリラやギャングが突然現れてお金を奪っていくような世界では、誰も「ビジネスをしよう」などとは思えません。

　同様に「公平な法体系」も必要です。ある階級の人びとは何をしようが罪に問われず、別の階級の人びとがパンをひとかけら盗んだだけで死刑になるというような国では生きていけません。経済活動以前に自分の生命が守れません。何をしても罪に問われない人びとにいつ殺されるかわからないからです。

　租税体系も同様です。ある業種に対しては全く税金がかからず、別の業種に対しては非常に重い税金がかけられているというのでは、公平な競争など不可能です。また重い税負担は人びとの働く意欲を阻害してしまいなす。そのうえ、もし国内に軍閥や武装集団が存在していたとしたら、彼らから税金を徴収することは絶対に不可能です。国内に独立した武装集団が存在する場合、「公平な法体系」の実現などありえないのです。

45

次に，しっかりした「公共サービスの供給」も不可欠です。道路，港といったハード面のインフラに加え，学校教育，治安，外交，衛生などのソフト面の整備も重要です。道路や港といった商業施設は個人では供給不可能です。市場経済の論理からは供給が不可能な財なのです。このような財を**公共財**といいますが，公共財を供給できるのは政府だけです。しかし国内に軍閥やら武装集団がいればそれを供給することも不可能となってしまいます。

　「契約を強制する力」も必要です。たとえば，ある人が商品を購入したのにお金を支払わなかったとします。売り手は「お金を支払え！」と要求しますが，買い手がそれに全く応じません。この場合，現代の日本なら，警察を呼ぶことも可能ですし，裁判に持ち込むことも可能です。しかし，軍閥や武装集団に対しては，それも不可能です。市場のルールを維持させるためには「契約を強制する力」を国家が持つことが是非とも必要なのです。

　加えて近代国家においては"自力救済"も禁止されています。自力救済とは民法上の概念で，「権利者が公権力の力を借りずに自分の実力で権利を実現すること」をいいます。商品が未払いだから，自分が相手からお金を奪い取るというような行為は禁止されています。その行為がさらなる争いや犯罪を引き起こすかもしれないからです。リンチ（私的制裁）も禁止です。仇討ちも禁止です。もし自力救済を認めるとしたならば，法律も契約も租税の徴収もできません。国民の間には，際限のない，自分勝手な主張による争いが生じるだけです。そうなると，もはや統治は不可能となり，最終的には軍閥や武装集団がお互いに争うだけになってしまいます。

　すべての人は国家の法に従って問題を解決しなくてはなりません。そしてその裏付けとして，「国家が合法的に武力を独占していること」が必要となるのです。

　ソマリアは昔からいくつかの大氏族によって支配されてきました。この氏族はさらに小さないくつもの大士族から構成されていましたが，その下には"ディヤ集団"とよばれる近隣の者だけで構成される集団もありました。これらの集団が砂漠の稀少な資源（水，家畜等）を求めて争ってきたのがソマリア

の歴史です。もちろんそこには成文法もなければ警察も存在しません。相手の集団を制約できるのは武力のみという世界です。またディヤ集団の「ディヤ」とは「血の報酬」を意味しており，集団がなんらかの被害を受けたならば，それに見合う報酬ないし血の代償を支払わせなければなりません。かくして，世界が産業革命や，より生産性の高い投資対象に資源を振り向けているときに，ソマリアでは氏族同士の戦いが延々と続けられてきました。当然，「私的財産制の確保」だの「公平な法体系」だのは全く実現されず，インフラの整備を行う政府も存在せず，契約を強制するのは自分の武力のみという状況が今でも続いています。外務省の海外安全ホームページを見るとソマリアは「退避してください」の危険度4レベルで真っ赤にマークされています。

最近ではボコハラムというイスラム過激組織の名前がよく聞かれます。ナイジェリア北部のジハード組織で「西洋の教育は罪」と主張し，学生寮を襲撃し，女子生徒を大量に連れ去るという事件を起こしています。しかしナイジェリア政府はこれらの武装集団を止められないのです。「国家が武力を合法的に独占」できていないために，住民がどれだけ悲惨な目に合うかという例のひとつです。

このように，市場経済が成り立ち，発展していくためには，まず何はなくとも安全に経済活動ができる環境が整備されていなければなりません。そのためには最低限，「国家が武力を合法的に独占していること」が必要なのです。

第2節　国家が国民から収奪を行わないこと
―インセンティブが持てる社会の形成―

とりあえず国家が合法的に武力を独占できたとしましょう。それは国境が決まり，国民が決まり，支配者（主権者）が存在し始めたことを意味します。そこで次に問題になるのがその国家の統治の仕方です。

マルクス（1815-1883）は，国家を「ある階級がある階級を支配するための抑圧機関である」と表現しました。この定義もマックス・ウェーバーと同様に日本人にはなじみにくいものでしょう。しかし"国家が国民を抑圧している"国も世界にはたくさんあります。たとえば北朝鮮を考えてみましょう。

「人工衛星から撮った東アジアの夜」の写真というものをみたことがあります。日本と韓国は夜でもくっきりと国の形が浮かびあがっています。日本も韓国も海沿いには都市や街があり，それを結ぶ道路のライトでしっかりと国の形が浮かびあがっています。また東京，大阪，ソウルなどは太陽のように大きな光の玉になっています。中国も大連や瀋陽は非常に明るくなっていて，その周りの街もいくつも光っています。ところが北朝鮮のところだけは不気味なほどに真っ暗です。「ここは海なのか？」と思うほど，なんの明かりも見えません。北朝鮮には夜に明かりをつけるほどのインフラもなければ，産業もないのです。周りの日本，韓国，中国とは恐ろしいほどのコントラストとなっています。このような違いがおきるのはひとえにその政治制度に由来します。

日本や韓国の人間は市場経済の世界に生きています。そこには「職業選択の自由」が保証されています。努力さえすれば医者にも，弁護士にも，政治家にもなることができます。「思想・良心の自由」も保証されています。われわれは何が正しくて何が間違っているかを自分で決められますし，どのように生きるかも自分で決めていけます。「経済の自由」も保証されていますから，「お金持ちになろう！」と思えば，企業家として市場に参入していくことができます。つまり「やろうと思って頑張れば，それが実現可能な社会」に生きているのです。この「やろうと思って頑張る」という心情を**インセンティブ（動機付け）**といいます。「お金を稼ぎたい」「豊かになりたい」「いい服が着たい」といった諸々の欲望，これらが経済活動のインセンティブになります。日本や韓国は豊かになろうと思って頑張れば，豊かになれる道のある社会なのです。言い換えれば，インセンティブを持てる社会であるといえます。

しかし北朝鮮はそういう社会にはなっていません。北朝鮮ではとりあえず国家が合法的に武力を独占してはいます。その意味で，ソマリアやナイジェリアのような悲劇は起きていません。しかしその政治体制はかなり抑圧的です。

北朝鮮は主体思想という政治思想によって統治されてきました。マルクス・レーニン主義を北朝鮮の現実に適用したもので，金日成（キム・イルソン）によって提唱されたものです。主体思想のもとでは，私有財産制度は認められません。市場経済は

禁止され，厳密な計画経済が実施されています。その一方で，金一族への個人崇拝と厳しい思想統制が行われ，学校教育のほとんどは政治的プロパガンダが中心となっています。金一族への統治の正当性を教え込むことが主たる教育目的となっているのです。さらに学校を卒業すると10年もの兵役につかねばなりません。また少しでも体制を批判しようものなら恐ろしい収容所に送り込まれてしまいます。

　北朝鮮には，「職業選択の自由」も「学問の自由」も「思想・良心の自由」も存在しません。人びとが「何かをやろうと思って頑張れば，それが実現可能となる社会」ではないのです。インセンティブなど持ちようがない社会なのです。

　インセンティブが持てない以上，人びとはがんばりません。がんばっても何も得られないからです。新しいアイディアも出てきません。新しい技術も取り入れようとしません。新しいことも学ぼうとしません。必要以上に働こうともしません。そんなことをしても豊かになれないことが分かっているからです。

　今のままでやっていても誰も幸せになれないということは誰がみても明らです。それにもかかわらず金一族が今の体制をやめようとしないのは，その政権を維持していくためです。新しい政治体制や経済システムが導入されれば，現在の地位を維持できなくなります。自分達の地位や生命を守るには，何としても現在の政治体制を維持していかなくてはなりません。そのためにはさらに厳しい思想統制，密告が推奨され，多くの人びとが収容所に送られるようになってくるのです。

　このように北朝鮮では，"国家"というものが国民を管理・支配するための道具となってしまっています。確かに武力を合法的に独占して，国家としては存在しています。しかし，その国家が国民から自由や財産や権利を収奪しています。このような状況では，国民はなんのインセンティブも持てません。それゆえ市場経済も発展しないのです。

　このようなタイプの国家は今も多く存在しています。支配層と被支配層が違う民族とか違う宗教とかの場合にはよくみられます。

21世紀最大の人道的危機にあるシリアなどもこの例といえましょう。

シリアでは1970年のクーデター以来40年近くもアサド一族の支配が続いていました。ところでこのアサド一族の宗教というのが少し変わっています。アラウィー派というイスラム教の一派なのですが，偶像崇拝は認める（普通のイスラム教は絶対禁止です），キリスト教のクリスマスを祝う，飲酒OK，輪廻転生を信じている，等，かなり変わった宗派です。もちろんイスラム教のなかでも超少数派です。シリア全体でも13％程度しかいません。一方で多数派のスンニ派は68％。明らかに少数派が多数派を支配しているという構図です。そこに2011年の"アラブの春"とよばれる民主化運動が起きました。しかし，民主化は少数派の支配者にとっては非常に危険なものです。民主化が進めば，多数派のスンニ派が力を持つことになってしまいます。これは少数派であるアラウィー派の支配層にとっては大変な危機です。かくして政権は抑圧的な政治を取り始めます。スンニ派は政権打倒を目指しますが，アラウィー派の支配層は軍隊を投入してこれを鎮圧しようとします。こうして内戦がはじまり，多くの人びとの生命が奪われ，多数の難民が生まれました。

シリアや北朝鮮の例は極端ですが，支配層と被支配層が異なる集団から構成されているために被支配層が不当な扱いや制約を受けている例はたくさんあります。一部の支配層が政治力，経済力を独占しているような状況下では，人が新しいことを始めるというインセンティブを持てません。市場経済が発展するには，国民の自由や平等，財産権などの諸権利がしっかりと保証された社会でなくてはならないのです。

第3節　国家が国民の発展を阻害しないこと
―イノベーションが可能な社会―

国家が合法的に武力を独占できたとしましょう。しかも国家が国民から収奪を行なわず，一応の諸権利が保証されるというところまできたとします。しかし，さらに次のハードルが存在しています。それは「国家が国民の発展を阻害しないこと」です。

第4章　市場経済が発展するためには

　グーテンベルク（1398年頃-1468）が活版印刷機を発明したのは1445年といわれています。そしてアメリカの「ライフ」という雑誌は，過去1000年間で起きた最も大きな歴史的な出来事の筆頭に「活版印刷機による聖書の印刷」をあげています。なぜ活版印刷がそんなに大きな影響をもっていたかといえば，活版印刷機が西洋社会に大きな変革をもたらしたからでした。

　中世の社会では聖書は非常に高価なものでした。キリスト教の牧師，それも大学をでたようなかなり学識のある人が手書きで作るものですから，非常にありがたいうえに，１年間に１冊書けるかどうかといった稀少品です。それゆえ，とんでもなく高価なものとなっており，大きな町の教会に１冊あるかどうかというほどの宝物でした。もちろん聖書以外の本などあるはずもありません。当然，人びとは本など読む機会もなく，文字を覚える必要は全くありませんでした。おかげで当時の教会はやりたい放題で，「教会に寄付をすれば魂は天国に行ける」などと説教をして人びとからお金を集めていました。

　ところがグーテンベルクの印刷機の発明は，そんな社会をひっくり返してしまったのです。まず聖書が安く印刷できるようになりました。活版印刷とはアルファベットを一文字一文字書いたハンコのようなものを並べて文章を作ります。それを紙に押し付けて印刷します。当然，手書きよりもはるかに早く，安く本を作ることができます。高価だった聖書も人々が買えるくらいの値段になっていきました。その結果，多くの知識人が聖書を読むようになります。すると人々は聖書に書いてあることと教会のいっていることが全く違うことに気づきはじめます。「聖書には，"お金持ちが天国にいくのはラクダが針の穴を通るのと同じほど困難だ"とあるではないか！」「教会への寄付によって天国にいけるなどどこにも書いてないぞ！」といった具合です。カトリック教会のやり方に疑問を持つ人々がさまざまな宗派を作り，宗教論争が巻き起こりました。やがて，これがフランスではユグノー戦争（1562-1598），ドイツでは三十年戦争（1618-1648）のような凄惨な宗教戦争へとつながっていきます。

　一方で，聖書の普及によって一般の人びとも文字を学ぶようになってきました。人びとが文字を読めるようになってくると，聖書だけでなく，さまざまな

本やパンフレットも印刷されるようになってきます。社会に知識が普及し始めたのです。

たとえば，中世の女性は馬小屋で出産したそうです。しかも産婆さんも子供をとるのに全く手を洗わないという不衛生な状態でしたから，母子ともに死亡率がかなり高いものでした。しかし，ただ「出産時に手を洗う」というそれだけの医学知識の普及により，母子の死亡率が格段に下がったそうです。

このような知識の普及は医学にとどまりません。簿記や会計の知識の普及は当時の商売の方法を変えていきました。古代ギリシャ，ローマの芸術や文学の普及はイタリアを中心にルネッサンスという風潮を生み，学問・芸術科学を発展させていきました。ヨーロッパ人は，これらの知識を活かして火薬と羅針盤を発達させ，アジアやアフリカへと進出するようになっていきました。

このような西欧の発展のきっかけを作ったのがグーテンベルクの活版印刷機だったのです。「ライフ」が最も偉大な歴史的出来事として「活版印刷機の発明」を挙げたのも当然といえましょう。

しかし，このように人びとの文化水準を引き上げた活版印刷についてオスマン＝トルコ帝国は全く違う対応をとりました。バヤジット２世は印刷機の使用を禁止してしまうのです。1727年になってやっと印刷機の設置を許しますが，厳しい宗教的な検閲を受けねばならず，数えるほどの本しか出版されませんでした。当然，オスマン帝国の人びとが文字に接する機会もなく，貴重な知識が社会に普及されることもありませんでした。

なぜバヤジット２世は印刷機の使用を禁止したのでしょうか。それはヨーロッパで起きたような社会変動が，自国で起きては困るからです。書物によってさまざまな考え方や知識が広がれば，人びとを統治することが困難となります。宗教界にしても，新しい知識や思想が帝国に流入することで，宗教の権威が揺らいでは困るのです。それゆえ，新たな知識や思想の普及につながる活版印刷機を禁止したのです。

このように新しい発明や発見は，その国に大きなイノベーションを引き起こし，経済構造を変化させてしまうほどの大きな変革を起こす可能性があります。

第4章　市場経済が発展するためには

　しかし大きな変革は，その国のその体制の下で既得権益を受けている人びとにとっては決して望ましいものではありません。さまざまな方法で阻止しようとします。

　第2章でみたシュンペーターの"創造的破壊"はすでに権力や財力を持っている人びとにとっては大きな脅威です。古い産業や非効率な仕組みの下で利益を享受している人びとにとっては，たとえ国の経済発展を邪魔することになっても，イノベーションや社会・経済的変化は阻止したいのです。ここに既得権益を持った人びとによる発展の阻止が起こります。そしてたいていの既得権益を持つ人びとは政治的にも大きな力を持っています。彼らはさまざまな政治的手段を用いてイノベーションや改革を阻止しようとします。

　ヴェネチアの発展と衰退もその一典型といえます。ヴェネチアは地中海の中央に位置しており，東方からの胡椒などの交易を一手に握って繁栄した国でした。そのヴェネチアが発展できた理由のひとつが"コメンダ"とよばれる一種の合資会社制度でした。コメンダはヴェネチアにとどまるパートナーと実際に航海にでるパートナーから構成されています。たいていヴェネチアにとどまるのは年老いて資産のある者であり，彼らが出資を行いました。一方，体力はあるが経験と資産のない若者は積荷に付き添って航海にでかけていきます。そして得られた利益は2人で公平に分配します。この制度によって，元手のない若者でも勇気と意欲さえあれば利益を得ることが可能で，商人としての経験を積むこともできました。やがて経験と財産を得た若者は，積極的に政治に参加するようになっていきます。このような人びとがヴェネチアの民主的な政府を形成し，ヴェネチアを13世紀頃に"アドリア海の女王"とよばれるほどに発展させていったのです。

　しかし，誰もが財産を形成できたり，政治に参加できるということは，すでに財産を得て，権力を持っている議員たちにとっては脅威でした。常に若い人びとの挑戦を受け続けなければならないからです。やがて彼らは新しい若い人びとが政治やビジネスに参入する門戸を閉ざしたいと考えるようになっていきました。議会でそのような人たちが多数派を占めるようになると，新しい人び

との政治への参加，ビジネスへの参入を制限するような法律が作られるようになってきました。自分たちも若い頃にはそうやって今の地位を獲得してきたのに，若い人びとが同じことをするのは許さないというのです。さまざまな法律が制定され，議員は次第に世襲制となっていきました。新しい人びとのビジネスへの参加までもが制限され，とうとうヴェネチアを発展させてきたコメンダも禁止され，貿易は貴族の独占する国営企業のような組織が行うようになってしまいました。

その後，ヴェネチアではかつてのような活気のある経済の動きはみられなくなっていきました。政治から疎外された人びとは力で政権を獲得しようとしてクーデタや内乱が起し，意欲のある人びとは他の国に移っていきました。こうしてヴェネチアの国力はみるみる衰退していったのです。

このように既得権益を持っている人びとにとって，新しい力をもって競争を挑んでくる新興勢力は常に脅威であり，制限したいものです。しかし，それを制限してしまえばイノベーションは起きません。新しい技術や発想を持った人びとはその力を発揮することができず，その国は衰退へと向かっていきます。

市場経済が活力を失わないためには常に新しいアイディア，方法，人材，機械などが取り入れられていかなくてはならないのです。"創造的破壊"が繰り返されねばならないのです。

第5章
中世ヨーロッパ世界

　前章では市場経済の発展のための条件をみてきました。その内容は「安心して経済活動が行えること→国家による合法的な武力の独占」「インセンティブが持てること→国家が国民から収奪を行わないこと」「イノベーションが可能であること→国家が国民の発展を阻害しないこと」というものでした。

　この観点からいうと中世ヨーロッパの社会は全くその条件を満たしていません。むしろ他の地域，中国やイスラムの方がはるかに発展していました。それが15世紀以降，急速に発展していきます。その原因は，ヨーロッパが市場経済を実現させていったことによります。本章から第7章まででヨーロッパにおける市場経済の成り立ちについてみていこうと思います。

● 第1節　中世ヨーロッパ社会 ●

「貴族の主人や大地主から搾取され，殴打され，もっと収穫をあげろといって鞭で叩かれる農奴である。…藁の上に寝て，涙を流しながらパンを食べ，やっと一年に一度新しいズボンを，五年に一度一足の靴を手に入れることができる人達。生涯一度も風呂に入らず，自立することなど考えたこともなかったから，読むことも書くこともできない人たち」

　　　　　　　　　　　　　…『産業革命以前のヨーロッパの農民』松原久子

（1）マナ制（荘園制）の成立

　「ヨーロッパの中世」ときいてまず頭に浮かぶのは，馬に乗って鎧をきた騎士でしょう。石造りのお城があって，王様と王女様がいて，魔法使いやらホビットやらが出てくるあの世界で，ファンタジーなものを掻き立てられたりし

ます。

　しかし，現実の中世は全くそんなイメージとは異なった世界でした。王様だの騎士だのといった人びとは全人口の5％程度にすぎません。残りの95％はこの節の冒頭でみたような悲惨な境遇で生活していました。

　そもそも中世ヨーロッパはローマ帝国の崩壊（5世紀中ごろ）から始まります。ローマ帝国とは，帝政がはじまってからは500年，共和制の時代までいれたら1000年以上も続いた大帝国で，ヨーロッパだけでなく，アジア・アフリカまで支配した一大文明でした。

　それが滅びてしまったのです。統治する者がいなくなり，無政府状態となったところにフン族やらゲルマン人といった蛮族が流れ込んできました。ヨーロッパは大混乱に陥ります。略奪・暴行・放火・虐殺がいたるところで行われました。村は焼かれ，家畜や作物は奪われ，抵抗した村人はたいてい皆殺しにされてしまいました。そこに周期的に飢饉や疫病も発生しましたから，当時の人びとにとっては，生きていくのがやっとという状態でした。

　そこに「俺の土地で働くならば守ってやるぞ！」という人が現れてきました。"領主"とよばれる貴族や豪族たちです。領主は自分の荘園を所有していました。また石造りの頑丈な城と騎士とよばれる戦士集団を従えていました。そこで農民達はこの領主の荘園で働くようになりました。

　これが**マナ制（荘園制）**のはじまりで，中世ヨーロッパ封建制度の経済的基盤となる制度です。

（2） マナ制の下での農民の暮らし

　荘園の中心には領主の城がありました。農民たちはこの領主の城の周りに村を作り集住しました。

　村に住む農民たちは，自分の土地は持っていません。**開放農地**とよばれる村で共有される耕地を共同で耕作していました。これを**村落共同体**とよびます。

　また農民たちは他地域への移動は禁止されていました。農民と領主は主従関係，支配―隷属の関係にありましたから勝手に他の村に引っ越すことはできな

かったのです。個人の財産を持たず，移動も禁止され，領主に隷属せざるをえない人々は**農奴**とよばれました。

　農奴には貢租，地租，物納などの租税負担が課せられていました。この租税負担は非常に重く，総所得の50％以上にもなりました。また教会に対しても"10分の1税"という税金を納めねばならず，農民の負担は相当なものでした。

　負担はそれだけではありません。領主の直営地での賦役も義務付けられていました。領主の土地を耕す，領主の館を掃除する等で，週に2日から4日もの労働が義務付けられていました。なかには「領主がカエルの鳴き声で眠れないので，夜通し池を木の枝で叩きつづける」といった賦役もあったそうです。

　さらに農奴たちは，領主の所有する水車，パン焼き窯，ブドウ絞り器等の使用を強制されており，その使用料も払わねばなりませんでした。

　このように中世の農民達はさまざま形で領主から収奪され，悲惨な暮らしを余儀なくされていました。

　このような状況では市場経済の発展はのぞめません。個人が農地や財産を持てませんから「がんばろう！」といったインセンティブは起きてきません。がんばっても耕地は村の共有です。意味がないのです。たとえ村全体でがんばったとしてもその収穫のほとんどが領主に収奪されてしまいます。同様に何らかの工夫をして生産性を引き上げたとしても，その分は領主に取り上げられてしまうでしょう。それゆえイノベーションも起きません。その結果，中世では，数百年にわたって同じような貧しい暮らしを続けられてきたのです。

（3）　封建社会

　図5.1は封建時代の構図をあらわしたものです。

　農民たちの上に領主が存在し，その上に国王がいます。さらにその上にカトリック教会の権威のようなものが国を超えて存在していました。

　人口構成でみれば農民が全人口の圧倒的多数を占めています。国王や領主などは全体の5％以下にすぎません。世界史では「○○の戦い」とか「○○事件」とかを勉強しますが，全人口の5％以下の人たちのやることなので経済全

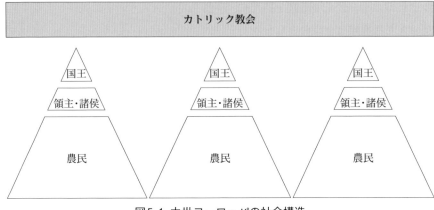

図5.1 中世ヨーロッパの社会構造

体にはあまり影響のないことです。

　この農民たちを支配していたのが領主や諸侯といった人びとでした。

　この領主や諸侯は、みな武力を持っており、自分の領地を守っていました。

　そもそも、荘園制は「領主が農民達を守る」というのが前提となっています。中世キリスト教の世界観では、人間は「祈る者、働く者、剣をふるう者」に分かれていて、各々がその職分を果たすことが理想とされています。ですから"剣をふるう者"である領主や貴族は武力を持っていなければならないのです。

　とはいえ、地方の小領主が支配できるのはせいぜい馬で往復一日程度の範囲にすぎません。その程度の範囲しか守りきれないのです。当然、経済力もたいしたものではなく、より力のある貴族や大貴族に忠誠を誓うという形で庇護してもらうことになります。このように、上位の領主が下位の領主に対して領地の保護を認めるかわりに、下位の領主が上位の領主に忠誠を誓い主従関係を結ぶという制度を**封建制**といいます。封建制は、日本にも、古代の中国にも存在しており、中央集権が実現されずに、群雄割拠状態にある場合の、土地を媒介とした相互安全保障を兼ねた政治形態です。

　ただヨーロッパの場合、主従関係は日本とはかなり違っていました。日本のような「生涯において主君は唯一人」などというものでありません。一人の領

主が複数の領主に忠誠を誓っている場合も多々あり，「臣下の臣下は臣下ではない」という複雑な関係となっていました。時には自分が忠誠を誓っている領主同士が戦争する場合もあり，初めの2週間はこちらの陣営で働き，次の2週間はむこうの陣営で戦争するといったようなこともあったといいます。ヨーロッパの封建制度は非常にドライな契約関係だったようです。

　この時期の国王は他の領主となんら変わるところはありません。ただ血統として「〇〇国王」という名称と教会から認められた多少の"神性"があるくらいです。国王が触れると瘰癧という病気が治るそうです。大貴族や諸侯たちにしても「俺が国王だ！」などといって威張られるくらいなら，さほど力も名声もない王様の方がありがたかったのでしょう。

　このように中世の中頃までは国王よりも力のある大貴族などざらにいたのです。もちろん国王といえども大貴族の所領内の政治について口を挟むことなどできません。大貴族たちは自領に独自の法律をひき，独自の軍隊を持ち，場合によっては独自の通貨を作って割拠していました。

　こんなわけですから，「国家が合法的に武力を独占すること」などは全くできていません。当然，市場経済の発展など期待できません。

　警察などありませんから夜盗や山賊は暴れ放題です。場合によっては領主自身が山賊となって旅人を襲っている場合すらありました。街道を整備する者も警備する者もいません。それどころか，国境には関所が設けられ，通行税を何度も徴収されてしまいます。それゆえ遠くの町にものを売りに行く商人等は常に危険と隣り合わせで，旅をするときは武装し集団で移動しなければなりませんでした。商業もあまり発展せず，ほそぼそとしたものでした。

　商業が発達しなければ人びとは**自給自足**の生活を余儀なくされてしまいます。
　このように中世の社会では大半の人びとが自分の荘園の枠のなかで自給自足の暮らしを送らざるをえず，低い生産性のなかで貧しい暮らしを続けねばなりませんでした。

(4) キリスト教

　最後にキリスト教についてもみておきたいと思います。図5.1のそれぞれのピラミッドの上に横断的に位置しているのがローマ・カトリック教会のイメージです。

　ローマ帝国が滅んだ後でも，ヨーロッパ人がバラバラにならずにヨーロッパというひとつの世界であり続けたのはひとえにキリスト教のおかげでした。ヨーロッパの人びとは「自分たちは同じキリスト教徒である」という共通の認識を持って暮らしていました。

　村の真ん中には教会が建てられ，祭日や大きなイベントがある日には大きな鐘がガラガラとならされました。休日も「今日は聖○○の日」というように聖人にちなんだ暦になっていましたし，毎日のように神父が教会の広場で説教をしていました。「キリスト教＝ヨーロッパ世界」といえるほど，人びとの暮らしにキリスト教は浸透していたのです。

　ただ，中世においては貴族の武力同様に教会も国王の力を制約するものでした。王権は「神がキリスト教徒を守るために与え給うた」という意味から，国王になるには教会で塗油を受けなければなりません。国王を国王であるとするものも教会だったのです。教会が国王を破門してしまえば，誰も国王の指示に従いません。それほど教会は強い力をもっていたのです。

(5) 中世ヨーロッパの停滞

　このように中世のヨーロッパでは，市場が発展するような条件はほとんどみられませんでした。

　国家が武力を独占できない，群雄割拠状態では安心して商業はできません。商業が発展しなければ交換は行われず，貨幣経済も発展しません。

　農民達は荘園のなかでの自給自足の暮らしを続けてきました。

　その荘園の中での生活は，重い租税・貢納負担，私有財産を有しないことなどから，イノベーションもインセンティブも持てず，低い生産性のもとで生活してきました。そえゆえ，中世は長いあいだ停滞を続けてきたのです。

第 5 章　中世ヨーロッパ世界

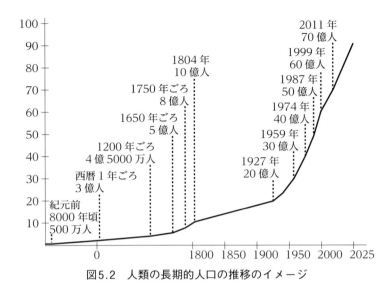

図5.2　人類の長期的人口の推移のイメージ

　経済の停滞は人口の増加にもはっきりと表れています。図5.2は人類の人口の長期的な推移を示したものです。

　人類の人口は1600年くらいまでほとんど増えていません。キリスト様が生まれた西暦1年ごろで3億人。中世の中頃の1200年ごろでも4億5,000万人程度です。しかし1600年以降突然，急増しはじめます。1600年から1800年までの200年で倍の10億人になり，1900年までの100年で倍の20億人に，次の50年（1950）でまた10億人増えて30億人に，次の50年（2000）で一気に60億人近くになっています。

　このような急激な人口増加も大きな問題ではあるのですが，ここではむしろ「なぜ1600年までは停滞し続けたのか」ということについて考えたいと思います。

61

● 第2節　人口の停滞とマルサスの『人口論』 ●

（1）マルサスの人口論

このような人口の停滞のメカニズムについては，**マルサス**（1766-1834）が，その著『**人口論**』（1798）のなかで明確に説明してくれています。

> 「人口は，何の抑制もなければ，等比級数的に増加する。生活物資は等差級数的にしか増加しない。」「よって貧困と悪徳は必然的に生じる」
>
> （『人口論』第1章）

この説明では少しわかりにくいので，表5.1を使って考えてみましょう。

表5.1　「人口論」の考え方

	1ターン	2ターン	3ターン	4ターン	5ターン
食料生産	1	2	3	4	5
人口	1	2	4	8	16
一人当たりの食料	1／1＝1	2／2＝1	3／4	4／8＝1／2	5／16

マルサスは
① 食料は人間の生活にとって不可欠である。
② 男女間の性欲は必然であり，ほぼ現状のまま将来も存続する
という2つの自明の前提から議論を始めます。

ここで，農業生産量は1，2，3，4，5…と増えていく（これを等差級数的といいます）のに対し，人口は1，2，4，8…と倍・倍に増えていく（これを等差比級数的といいます）と想定します。

一人当たりに分配される食料は，1ターン目は（1／1）です。2ターン目も（2／2＝1）と変わりません。しかし3ターン目になりますと（3／4）に減ってしまいます。これが4ターン目には（4／8＝1／2）に，5ターン

目には（5／16）となり，一人当たりに分配される食糧が減少していきます。

　食料が不足すれば，略奪や戦争が起きます。飢餓も疫病も発生してきます。その結果「貧困と悪徳は必然的に生じる」というのがマルサスの結論です。

　マルサスの理論によれば，人間は絶対に幸せにはなれません。永遠に「平和→人口増加→飢餓・貧困→人口減少→平和→」を繰り返すことになります。

　なんらかの幸運によって平和な暮らしが続いたとしましょう。人びとは安心して農作業を営み，子供を産み育てて幸せな暮らしを送ることができました。その結果，人口は増加していきます。一世代ごとに人口は倍になります。一方で農地はさほど増えません。努力や工夫も行われるかもしれませんが，それにも限界があります。人びとは少しずつ貧しくなっていきます。やがて貧しい人びとから生活が苦しくなってきます。満足に食べ物が得られなければ病気にもかかりやすくなりますし，疫病も発生してきます。略奪，暴動が起きてきて，最終的には戦争，飢餓が発生することになるでしょう。その結果，多くの人びとが死んでいきます。人口が次第に減少していきます。そして人口が十分に少なくなったところで，またはじめからスタートとなります。マルサスの提示する『人口論』はこのような人類の悲劇の繰り返しを述べているものなのです。

　「人類はこの罠から逃れられない。永久にこの循環の中でもがき苦しみ続けなくてはならない。それが神の人類に与えた試練なのだから」というのです。それゆえ，人びとはこの憂鬱な理論を**"マルサスの罠"**とよびました。

　本来，マルサスの『人口論』は，フランス革命によって生まれた理性礼賛の風潮，「人類は果てしなく発展していく」というコンドルセやゴドウィンの思想に対する批判として書かれたものでした。「いや，人類の無限の発展などありえない」という反論です。その後の人類の歴史を見るとむしろコンドルセやゴドウィンの方が正しいようにも思えるのですが，それでもマルサスの理論は中世ヨーロッパの停滞を説明するのに十分な説得力を持っています。

　繰り返される戦争や周期的に訪れる疫病と飢餓，それに対してなす術のない無力な人びと，そして「それを神からの試練と甘受せよと」いうキリスト教の思想など，実によく当時の状況を説明しているものと思います。

● 第3節　農業革命 ●

（1）　農業革命

　このように停滞を続けてきた中世ですが，10世紀頃から少しずつ，本当に少しずつですが変化が起き始めます。

　農業技術の改良がはじまってきたのです。これを**農業革命**とよびます。農業革命は産業革命のようにダイナミックなものではありませんし，特別な発見があったわけでもありません。エジソンのような発明家が現れたりもしません。ただ従来使われてきた効率のいい技術が200年くらいかけて少しずつ普及していったというものです。地道に長い時間をかけて行われる革命でした。しかし，この地味な動きが，生産性を増加させ，着実に人口を増やしていきました。

　農業革命のなかで最も目覚ましい効果をあげたのは**鉄製農具**の使用と**三圃制農法**の普及，それと**重量有輪鋤**の利用でした。

　もともとヨーロッパの土地はそれほど豊かなものではありません。日本のようなたっぷりと栄養を含んだ黒土ではなく，ぱさぱさと乾燥した砂のような土でした。それゆえ10世紀頃までは穀物生産というよりも家畜の飼育に重点が置かれ，耕地の多くが牧草地として利用されてきました。牧草地では放っておいても家畜が勝手に草を食べてくれますので，農地ほど手をかけなくてもすみます。ほぼ何もしなくてもいいようなものです。農具も木製でしたので森を切り開くというようなことはできません。耕作しやすいところだけをあちらこちらポツリポツリと切り開くといった程度でした。土地の利用もローマ時代から続く二圃制のままで，毎年耕地を変えるだけのものでした。こんな状態でしたから，その生産性が低いのは当然でした。

　しかし10世紀頃から三圃制が広まってきます。三圃制は土地を3つに分割し，「冬畑→夏畑→休耕地→冬畑→」の順に耕作してゆくもので，二圃制よりもはるかに効率のいい耕作方法でした。

　また鉄製の農具の使用も普及しはじめました。鉄製の農具はそれまで開墾が不可能であった場所を掘り返して耕地とすることができるようにし，耕地面積

を拡大させていきました。

　さらに鉄製の刃を用いた重量有輪鋤が使われるようになってきました。重量有輪鋤は非常に重い鋤ですが，それを牛にひかせることで地面の深い部分まで掘り返すことが可能となり，生産性と耕地の拡大が可能となってきたのです。

　農業技術の改良と生産性の上昇は人口を着実に増加させていきました。何百年という時間をかけてヨーロッパは少しずつですが，発展と拡大をはじめたのです。

（2）　マナ制の評価

　本節では悲惨な面ばかりが強調された中世封建主義ですが，しかし，このマナ制がなかったとしたならば，人びとの暮らしはもっと悲惨なものになっていたものと思われます。もとが全くの無秩序な「暗黒時代」でした。ローマ帝国という秩序が崩壊し，蛮族が横行している世界です。そのなかにあってかろうじて人びとが生きていけるだけの秩序と生産形態を維持できるような機能を果たしてきたのがマナ制だったともいえましょう。

第6章
絶対王政と重商主義の時代

　14世紀頃からヨーロッパはにわかに慌ただしくなってきます。諸々の歴史的な事件が，中世の封建社会を崩壊させ，新しい時代を生み出そうとする方向に動いていきました。その新しい時代を「絶対王政の時代」といいます。ヨーロッパはこの絶対王政の下で，近代国家の基礎を形成し，次の時代の飛躍の準備を始めていきます。本章では，中世封建社会の崩壊の原因から始めていきます。

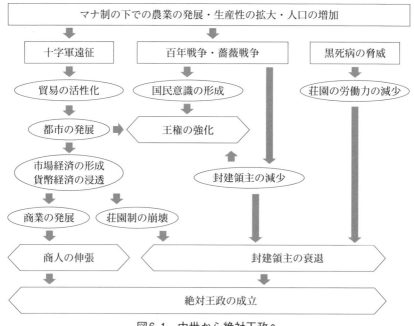

図6.1　中世から絶対王政へ

第6章　絶対王政と重商主義の時代

第1節　中世から絶対王政の時代へ

（1）　十字軍とイタリア諸都市の発展

　ヨーロッパは封建制度の下で少しずつ力をつけてきました。そのエネルギーはやがて十字軍という形で外側に向かい始めます。

　ヨーロッパでは10世紀，11世紀頃から聖者崇拝，聖遺物崇拝が盛んに行われるようになってきました。聖者の遺体やら持ち物が崇拝の対象とされていたのです。おかげで東方からは「キリスト様がはり付けになった十字架の断片」やら「マリア様が汗をお拭きになった手ぬぐい」といった怪しげなものが次々と持ち込まれ，いやがうえにも人びとの聖遺物崇拝熱を高めていました。もはや人びとの聖遺物崇拝熱はヨーロッパだけではおさまりません。「やはり本場だ！　本場に行けばもっとすごい聖遺物があるかもしれない！　もしかしたらすごい聖遺物を手に入れられるかもしれない！」ということになり，エルサレムへの巡礼が人気のツアーとなっていました。

　当時のエルサレムはトルコの支配下にありましたが，とりたてて巡礼者を迫害するということもなかったようです。ただ，この時期，トルコは東ローマ帝国と戦っており，劣勢に立たされた東ローマ皇帝アレックシオス1世がローマ教皇ウルバヌス2世に救援を求めてきました。これを受けた教皇ウルバヌス2世がクレルモンの公会議で「エルサレムのキリスト教徒は迫害されており，救援に向かわねばならない」と諸侯に呼びかけたことから十字軍が始まりました。

　騎士たちは「キリスト教徒を救わねば」といった信仰心と「聖遺物を手に入れたい」といった欲望がまぜこぜになったままエルサレムに進軍していきました。騎士たちだけではありません。「汚れた大人ではエルサレムは救えない！」とさけぶ少年十字軍や，説教師に率いられた一般人からなる民衆十字軍など，なにかに取りつかれたようにヨーロッパ人はエルサレムに向かいました。

　以後，十字軍遠征は1096年の第1回から1270年の第8回まで約200年間にわたって行われます。しかし，その内容は惨憺たるものでした。エルサレムを占領できたのは第1回目だけで，あとはほとんど何の成果もあげていません。占

領地では略奪・暴行の連続で，第4回十字軍にいたっては「船の運賃が払えないので代わりに東ローマ帝国を襲いました」という，もはや何がなんだかわからない集団になっていました。

　このような惨憺たる成果しか残さなかった十字軍でしたが，ヨーロッパ内部では，大きな変化を生み出していました。**都市化**と**貨幣経済**の発展です。

　十字軍の遠征は，東方との貿易を活性化させました。もちろんそれ以前も商業は行われていましたし，交易もなされていました。しかし十字軍の遠征を契機に拡大した貿易はそれとはまったく比べものにならないほどのモノの流れを国の内外に生み出しました。

　とりわけヴェネチア，ジェノヴァ，ピサといったイタリアの諸都市では，シチリアや中東，インド，中国からも香辛料をはじめとするさまざまな商品が運びこまれ，活発に取引されるようになってきました。それらの商品はヨーロッパの内陸に運ばれますが，その中継地点にあったフィレンツェ，ミラノなども発展していきました。

　地中海ほど活発ではありませんが，北海，バルト海の諸都市も着実に発展していました。これらの地域には大きな河川が流れており，この河川を使って毛皮や木材，穀物等が輸出されていました。またフランドルとかブラバントといった低地地方では毛織物，特に羊毛の取引が盛んになり，イタリア諸都市とも盛んに交易が行われるようになってきました。

　それまで町を少し大きくした程度だった都市が大きく変わってきました。周りを石の城壁で囲み，高い尖塔を持つ建物が立ち並ぶ大都市が出現したのです。都市の人口も大変なものになりました。13世紀のフィレンツェで8万人，パドヴァで3万5,000人，14世紀末のヴェネチアとミラノは10万人を超えていました。

　この都市の住民は大半が商工業に従事する人びとでしたから，自分で食料を得ることはできません。農村地域から食糧を供給してもらわなければ，1日とて都市住民は生きられません。大量の農作物の需要が生まれました。このような事態は今まで**自給自足**で暮らしてきた農村社会に大きな変容をもたらします。

第6章　絶対王政と重商主義の時代

もはや自給自足などとはいっていられなくなってきたのです。

　自給自足というのは非常に効率の悪い制度です。すべての日常の必需品を自分たちで作らなければなりません。自分だけで生産できるものも限られていますし，たいした量も生産できません。それゆえ自給自足は生産性が低く，農民たちは貧しい生活を送らざるを得ませんでした。

　しかし都市と結びつくことによってこの仕組みが変わりはじめました。農村は食料だけ生産すればよくなったのです，それを都市に持っていけば，靴だの服だのといった必要なモノを買うことができるようになりました。専門化が始まりました。小麦を作るものが得意なものは小麦だけを作ればいいのです。牛を育てるのが得意な者は牛だけを育てればいいのです。自分の得意なことですから当然，生産性は高くなります。よりいいもの，より多くのものが生産できるようになってきます。そしてそれを市場に持っていけば自分の必要なものを手に入れることができるのです。専門化と交換が始まりました。"市場経済"が形成され始めたのです。

　市場が形成され始めると同時に大変なことが起き始めました。人びとが貨幣を使い始めたのです，自給自足の経済では貨幣はほとんど必要ありません。モノを交換する必要がないからです。しかし，自分の得意なモノだけを生産してそれを交換するという市場経済が発展してくると，どうしても貨幣が必要になってきます。**貨幣経済**が普及し始めました。

　するとさらに大変なことが起きてきました。「あの～領主様。今まで租税として納めていた穀物なんですけど…代わりに貨幣で納めていいですか？　あ，ついでに"領主さんがよく寝られるように，夜通し池を叩いてカエルを鳴かせない"っていう賦役も貨幣で納める方向で前向きに検討してもらえないでしょうか？」と言い出す農奴がでてきたのです。「前向きに検討」などと言い出すような農奴は，もはや封建制度に縛られた悲惨な農奴ではありません。立派な農業経営者です。そして，このようなことを言い出す人たちが中世ヨーロッパのマナ制（荘園制）を崩壊させていきました。10世紀頃には早くも農民の賦役・貢納は貨幣地代に変わり始めました。なかには領主から直営地を買い取り，

自分で農業経営を営む農民もでてきました。**農業企業家**とよばれる人たちです。

　世界が変わり始めました。領主から解放された農業企業家は「個人の財産」を持つことができます。「がんばれば，豊かになれる」のです。「工夫すれば，新しいアイディアを利用すれば，豊かになれる」ようになったのです。彼らは"インセンティブ"を持ち，"イノベーション"を行うようになりました。農業企業家たちは，積極的に新しい技術を導入し，効率的な農業経営をすすめ，さらに生産性を高めていきました。

　もちろんこのような動きに対して封建領主たちはその動きを食い止めようとしました。封建領主たちは何度も都市に戦いを挑み，この時代の流れを止めようとしましたが，そのような試みは無駄に終わりました。強固な城壁に囲まれ，多くの人口を擁する都市には歯が立ちませんでした。

　都市は領主に対抗する手段として，直接，国王と結びつくという方法をとり始めます。都市は国王に対して忠誠を誓い，自由と自治を保障してもらいます。一方で国王は都市に対して都市特許状を売り，税金を徴収してその財政を強化していきました。

　こうして，マナ制は次第に崩壊していきました。封建領主たちの力は次第に弱まり，かわって都市に住む商人と国王が力を持つ時代になってきたのです。

（2）　百年戦争

　封建領主を没落させ，国王の権威を高めた要因に戦争もありました。イギリスとフランスの間に起きた百年戦争（1337-1453）とそれに続くばら戦争（1455-1485）です。

　戦争の直接のきっかけはフランスのカペー朝のシャルル4世が世継ぎを残さずに死んだことにありました。とりあえずシャルル4世の従兄のフィリップ6世が国王に選ばれてヴァロワ朝を立てたのですが，これにイギリス王エドワード6世が異を唱えたことから戦争がはじまりました。その後，クレーシーの戦い（1346），ポワティエの戦い（1356），休戦，シャルル6世の発狂，ブルゴーニュ派とアルマニャック派の争い，ジャンヌ・ダルクの登場，カスティヨンの

戦い（1451），と展開していくのですが，100年間にわたり断続的に続いた戦争は，フランスの国土を荒廃させ，多くの人命を奪う悲惨なものでした。

ところが，戦争が終わってみるとフランスにはもはや王に対抗するような目ぼしい勢力が存在しなくなっていました。

百年戦争の開始時期，ヴァロワ朝初代フィリップ6世は諸侯会議で国王に選ばれました。そのころはまだ国内には多くの大貴族が存在しており，大きな発言権を持っていたからです。しかし，百年の間に多くの貴族が倒れ，いつの間にか貴族たちは国王の勢力下に集まるようになっていたのです。

ジャンヌ・ダルクは「フランスを救え！」と叫びましたが，それも国民意識が形成されてきたあらわれでした。この百年戦争の間に「私はフランス人である。敵はイギリス人である」という意識が芽生えてきたのです。フランス王がフランス全土の支配者と認識されるようになってきたのです。

一方でイギリスは百年戦争で，フランス内に持っていた領土をすべて失ってしまいました。イギリス人はイギリスいう島の中でイギリス人として生きるしかなくなったのです。ここでもイギリスという領域を持つ国家が形成され始めたのです。

そこにバラ戦争（1455-1485）が勃発します。イギリス貴族はランカスター家とヨーク家の二派に分かれて戦いました。この戦争のひとつ特徴はお家断絶率の高さにありました。"中世の華"といわれた騎士道精神は百年戦争の頃にはまだかろうじて残っていて，敵の武将を捕虜にした場合，身代金はとるにしろ，優遇し，命までは取ろうとはしませんでした。

しかし百年戦争も終わったこの時期，戦争に敗れて捕虜になった武将は大抵殺されてしまいました。もはや騎士の時代ではなくなってしまったのです。その結果，戦争が終結し，ヘンリー7世がチューダー朝を開いた時には，フランス同様に，国内に敵対できるほどの大貴族は存在しなくなっていました。

このようにフランスでもイギリスでも，封建領主たちは衰退していきました。一方で，両国ともに国家という概念が形成されはじめ，その中心として国王が力を持つようになってきたのです。

（3） 黒死病

しかし一番の事件は，なんといっても**黒死病**（ペスト）の襲来でした。ヨーロッパの人口の5割から7割が死んだといわれる大変な災厄です。

黒死病は1346年にクリミア半島に上陸すると，地中海を経てヨーロッパに至り，1348年頃から猛威をふるい始めます。感染した人の死亡率はほぼ100％。とりわけ都市や修道院といった人口の密集した地域で感染率が高くなっていました。人口1,500人ほどの都市が3カ月の間に680人にまで減少したという記録も残っています。

都市の住民も減少しましたが，同時に封建領主の荘園も働き手も激減していました。しかしこの荘園の働き手の減少という事実は，生き残った農民たちには有利に働きました。パワーバランスが農民たちの方に傾いてきたのです。農民たちは「賦役・貢納負担を引き下げよ，もしこの要求を入れないならば，われわれは他の領地に移動するぞ」といった交渉ができるようになったからです。どの封建領主も働き手が不足していましたから引く手はあまたでした。領主たちは農民たちの要求を飲まざるをえず，賦役を金納に変えたり，定額地代を少なくせざるをえませんでした。

こうしてさらに領主たちの経済的な地位が低下し，変わって絶対的な力をもった国王，絶対君主が現れてきたのです。

第2節　絶対主義王政

このようにして中世の封建主義は崩壊し，**絶対主義王政**の時代が始まりました。年代としては，諸説あるところではありますが，イギリス，チューダー朝の成立する1485年からはじめて，ルイ14世が親政を始める1661年をピークとして，フランス革命の起きる1789年までとされています。

（1）　中央集権制度の確立

絶対主義の特徴は，国王が"絶対"なことです。この時代の国王は封建時代には考えられないほどの強大な軍隊と権力を持つようになっていました。その

第6章　絶対王政と重商主義の時代

ことを的確に表現したのがフランスのルイ14世の「朕は国家なり」という言葉です。「国家とは私である。私がすべてを所有し，すべてを決めるのだ」という，この時代の王の力と意思を表しています。

　もはや封建領主や騎士などは敵ではありません。そもそも絶対王政はそれら封建領主や騎士たちに打ち勝つことで成り立った制度ですので，敵になりうるはずがないのです。封建諸侯や貴族たちは宮廷の"廷臣"になっていきました。

　絶大な権力を持った全体君主といえども，反乱がおきる可能性は常に存在します。とりわけ弱ったとはいえ広大な自領を有する貴族たちは常に警戒しておかなくてはならない存在でした。

　そこで絶対君主は宮廷を作り出しました。その代表がルイ14世のベルサイユ宮殿です。総工事費7,000万リーブル（400億円相当）が費やされ，最盛期には３万6,000人以上の労働者と多くの有名画家，芸術家が動員されて完成した大宮殿です。ルイ14世はここに多くの貴族を集めて，宮廷を作りました。宮廷では日夜ダンスパーティーが開かれ，文化人たちの集まるサロンが形成され，華やかな紳士・淑女が集まりました。ルイ14世はここをひとつの劇場にしようとしました。朝起きてから夜寝るまでをすべて荘厳な儀式とし，自分の権力がいかに偉大で素晴らしいかを貴族たちに示すための劇場です。そして自分の周りに集まり，自分を称賛するに貴族たちに栄誉と官職と富を分け与え，自分に依存させようとしたのです。最盛期には1,000人の貴族と5,000人の従者とがベルサイユ宮殿で王と起居をともにしました。

　こんな貴族の言葉が残されています。

　「陛下，あなたからはなれていますと不幸であるばかりか，バカになります」
　「２，３か月王を見ないでいることは，わたしには死ぬのと同じ意味です」

　こうなると地方の田舎にとどまりたい貴族などいなくなります。ましてこのように偉大な国王に逆らおうとする貴族などいるはずはありません。いかに王に気に入られるかが大変な問題でした。封建時代には国王すらも打ち負かした剣の貴族はすっかり平和な廷臣になってしまったのです。

　教会勢力も全く問題になりませんでした。封建時代の国王にとって破門は最

大の恐怖でした。破門はすなわち「キリスト教徒でない」という宣言ですから，貴族も騎士もその国王に従ってはなりません。自分まで破門されてしまうからです。また国王は牧師から塗油してもらわなければ国王と認められませんでした。国王の権力は神に由来すると信じられていたからです。

しかし絶対君主にとっては破門など痛くも痒くもないものになってしまいました。もはや国内の貴族が国王に従わないなどとうことはありません。塗油されようがされまいが関係ありません。王の権力は絶対なのです。イギリスではヘンリー8世（1491-1547）が離婚問題からカトリック教会を離れ，イギリス国教会というものを作ってしまっています。おまけに修道院を解散させ，その土地をジェントリたちに売り渡してしまっています。フランスではユグノー戦争が延々と続けられてきましたが，アンリ2世がその戦争を終わらせて以来，宗教が問題とされることもなくなってしまいました。

このように絶対王政では中央集権制度が確立されていきました。

（2） 国内の統一と商業の発展

国内が統一されるということは「国家が合法的に武力を独占」している状態にあたります。統一された法律が施行され，単一の貨幣が流通するようになりました。街道の各所にあった関所も廃止され，旅の安全も確保されるようになったのです。

このような動きにともなって市場経済が著しく発展するようになります。商人たちは安心して国内で商業をすることが可能になりました。都市の商工業が発展し，豪商といわれるほどお金を持つ家も現れてきました。メディチ家，フッガー家などがその例です。

商工業の発展は同時に貿易も拡大させていきました。15世紀にはいるとヨーロッパ諸国は積極的に海外に進出するようになります。

```
1488年   バルトロ＝メウ＝ディアス　喜望峰到着
1492年   コロンブス　アメリカ大陸発見
1497年   ヴァスコ＝ダ＝ガマ　インド航路開拓
1497年   カボット　北米探検
1500年   カブラル　ブラジル到着
1522年   マザラン　世界一周
```

　このようにヨーロッパ諸国が相次いで海外に進出する背景には，① 羅針盤などを用いた航海術の発展，② ヨーロッパの人口増加・肉食増加による香辛料需要の増加，③ レコンキスタの終了等といった理由はありますが，それを可能とする商業の発展と，社会の安定が不可欠でした。

　これらの航海のための資金を供出する財力も必要とされました，コロンブスはスペインのイザベラ女王にスポンサーになってもらっていましたし，カボットはヘンリー７世の保障によって商人組合からお金を集めて航海しています。

（３）　常備軍と官僚制

　絶対主義国家の下で**常備軍**と**官僚制**が次第に整えられていきました。

　そもそも中世の軍隊というものはあまり役に立つものではありませんでした。それは諸侯の軍隊の集まりにすぎず，必ずしも国王の思い通りに動いてくれるものではなかったからです。国王が戦争を始めたとしても集まるのは国王に忠誠を誓っている諸侯だけです。その国に住んでいても敵に忠誠を誓っている諸侯はやってきません。また従軍期間も20日とか１カ月とか細かい契約となっていました。これではほとんど戦争になりません。中世のように狭い国内での貴族同士の戦いならこれでよかったかもしれませんが，国内に争いの心配がなく，戦争がもっぱら国境で行われようになるともう役に立たなくなります。国境に行きつくだけで契約の日数が終わってしまい，諸侯は敵が目の前にいようと帰ってしまいました。それが中世封建制のドライなルールでした。

　これではいけないということで，傭兵隊が主力になっていた時期もありました。傭兵ならばお金次第でいくらでも働いてくれます。従軍する日数を増やし

たければそれだけお金を支払えばいいだけです。しかし，傭兵も問題を抱えていました。戦争中は戦場にあって給料をもらっているので問題はありません。問題は戦争が終わって仕事がなくなってからです。いきなり傭兵隊が強盗集団となって近隣の村や町に襲いはじめるのです。彼らは昨日まで戦場にいた戦争のプロであり，武器を持った武装集団です。誰も止められません。町や村の被害は戦争によるものよりも傭兵隊によるものの方がはるかに大きいものでした。

そのため絶対主義国家にあってはまず王の下に常備軍が整備されなくてはなりません。もちろん貴族が軍隊を持つことなど許しません。軍事力はあくまで国王一人に直結していなくてはなりません。

また官僚制の整備も不可欠でした。国王の命令は絶対でしたが，その命令を忠実に実行するには優れた官僚制度が必要とされました。

（4） **重商主義政策**

しかし常備軍も官僚制も非常にお金のかかるものでした。いかに国王の権力が絶対とはいえ，この時代はまだしっかりした戸籍などというものはありませんでしたから，現代のような所得税などありません。一方で貴族たちは自分たちの領地を保有していて，税金を免除されていましたから，租税は町や村から集めなくてはなりませんでした。それも徴税請負人という存在に依存しなくてはならず，まだまだ近代的な税制が確立されていませんでした。

しかし，お金を集めなくては常備軍も官僚制も維持できません。そこで取られた政策が**重商主義政策**でした。

重商主義では「富とは貨幣や貴金属である」と考えました。「お金さえあれば何でもできる。お金があれば軍隊もたくさん作れるし，優秀な官僚制も整備できる」という考え方です。

重商主義政策の方法論はシンプルです。「とにかく輸出をたくさんしてお金を稼ごう！そのためには外国に売れるような特産品の産業を育成していこう。輸入はお金が出て行ってしまうので関税を課してできるだけ少なくしよう」というものでした。

第6章　絶対王政と重商主義の時代

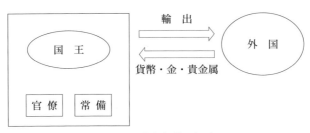

図6.2　重商主義の概念

　この発想を徹底して実行した人物がルイ14世の時代に財務監察官を務めた**コルベール**です。あまりに熱心に重商主義政策を推し進めたので「コルベール主義」イコール「重商主義」の代名詞となってしまったほどです。

　ベルサイユ宮殿を建設したルイ14世ですが，なにも宮廷でダンスパーティーばかりやっていたわけではありません。各所で戦争も続けていました。ルイ14世の時代には，南ネーデルラント戦争（1667～1668），オランダ戦争（1672～1678），ファルツ継承戦争（1688～1697），スペイン継承戦争（1701～1713）と絶えることなく戦争が続けられました。兵隊の数も1667年には7万人程度だったものが1700年には40万人に増加していました。

　これではいくらお金があっても足りません。その財源調達を一手に引き受けたのがコルベールでした。

　コルベールは，貿易先進国イギリス，オランダに対抗すべく，輸出向け商品，高級手織物，ヴェニス風ガラス細工，レース編みなどの工芸品産業の保護育成に力を注ぎました。これらの産業に対しては，大幅な特権を与え，国からの強力な援助を実施しました。また各地に王立または国王特許による特権マニュファクチャ（工作場）を設立して，特産品の生産をすすめました。

　一方で穀物価格は低く抑え込むようにしました。穀物価格を引き下げることによって，工賃を引き下げ，工業製品の価格を低くしようとしたのです。

　輸入に対しては保護関税政策がとられました。輸入品に高い関税を課して国内に入ってこないようにしたのです。1667年には毛織物などの関税が一挙に2倍になったそうです。

コルベールはまた海外進出も積極的に進めていきました。東インド会社の設立，アメリカのルイジアナの開発などです。

結局，コルベールの諸政策は，うまくいきませんでした。関税を高めたことで，他国との紛争の原因となったり，穀物価格を低く抑えた結果が農村の衰退につながったりしていきました。

第3節　重商主義政策の問題点

コルベールの重商主義政策はあまり成果をあげることができなかったのは重商主義政策の根本にある「富とは貨幣や貴金属である」という考え方からして間違っていたからです。

（1）「富とは貨幣や貴金属である」という誤り

「陽没することなきスペイン」という言葉がありました。16世紀の後半，スペインはフェリペ2世（1527-1598）の下で強盛を誇っており，ヨーロッパのみならず，アメリカ植民地，フィリピンまで領有するに至っていました。「陽没することなきスペイン」とは，スペインのどこかは必ず昼間という状態が実現したことに由来するものです。

しかし別の意味もありました。それはスペインがポトシ銀山を保有していたことにも由来しています。ポトシ銀山は標高4,000mを超すアンデス山脈にあり1545年に発見された銀の大鉱脈でした。1549年から銀の採掘がはじまり，大量の銀がスペインに運び込まれるようになりました。最盛期の1650年には16万人もの人びとが採掘に従事したそうです。

スペインはこうして大量の銀を手に入れ，それで多くの兵士と武器を購入し，強大な帝国を維持していました。この強大な財力と軍隊から「陽没することなきスペイン」とよばれたのです。

しかし，その言葉とは裏腹に国内の人びとの暮らしは貧しいものでした。

たしかにスペインには大量の銀が流れ込んできました。しかし，それはすべて国王のものでした。たとえ国王の懐に一時的に入ってこようと，それが国内

第6章　絶対王政と重商主義の時代

に流通するのであれば，国民も豊かになれたかもしれません。しかし国王の懐に入った銀はスペイン国内で使われることなく，そっくりそのままヨーロッパに流れていってしまいました。スペインでは産業が育っていなかったからです

かつては産業も盛えた時期もありました。毛織物業などでかなりの繁栄を見せた都市もありました。しかし，熱狂的なカトリック教徒であったイザベラ女王（1474-1504）が，異端禁止審問所を設置し，ユダヤ教徒とイスラム教徒を国外追放としたために産業の担い手であった人びとがみな国外に流出してしまったのです。当時，「スペインの男として生まれたならば，船乗りになるか，傭兵になるかのどちらかだ」といわれていました。これは「スペインの男は勇敢だ！」という意味と「それしか仕事がない」という意味がありました。

せっかくスペインに入ってきたお金も，全くスペインの人びとを豊かにさせることなく，目の前を素通りし，ヨーロッパの他の諸国に流れていったのです。

このようにいくら貨幣や貴金属があってもそれは一国全体の繁栄とは関係ありません。国内に産業がなければ，繁栄とは結びつかないのです。

それゆえ，いくら重商主義によって，お金を手に入れても，国内にその富をいきわたらせる産業がなければ，その国は豊かになれないのです。

（2）　重農主義

事実，フランスでは行き過ぎた重商主義政策によって，農業が疲弊していました。コルベールは輸出品に関わる産業を保護する一方で，低穀物価格政策を実施してきました。また増え続ける財政負担を農民たちへの租税負担で賄おうとして，増税が続けられました。その結果，農村は疲弊していきました。

このような事態に対して，**フランソワ・ケネー**（1694-1774）は「すべての富の源泉は農業であり，偏った重商主義をやめて自由貿易とし，農業を振興させよ」と主張しました。このケネーの主張は**重農主義**とよばれます。

ケネーは1718年に外科医になり，1749年から宮廷医師としてヴェルサイユ宮殿に出入りするようになります。そこで多くの文化人の知己を得て，経済学を学び，1758年に『**経済表**』を発表します。『経済表』は，社会構成を，農業生

産者，地主，商工業者に分けて，それらの間の流通関係を図示したものであり，人体の血液循環図を模したものでした。おそらく人類初の"経済の図式化"の試みであったろうといわれています。

そして，ケネーはこの図を示しながら「すべての富は農業から生まれる。国を富ませるには農業を振興させるべきだ」と主張したのです。

ケネーの思想はアダム・スミスやマルクスにも大きな影響を与えました。

第7章
市民社会と自由主義経済

　絶対主義王政は近代国家の基礎を形成しました。

　国家というものを成り立たせるためには，「領土，国民，主権」の3つが必要です。これを「国家の三要素」といいます。絶対王政の成立によって，このうちの領土と国民の問題は解決しました。「ここからここまではわが国の領土であり，そこに住む者はわが国民である」と主張できるようになったからです。その領土内に住む国民は同じ政府により統治され，同じ法律が適用され，同じ通貨を使用するようになりました。おかげで商業も発展し，海外への積極的な進出も行われるようになってきました。

　残ったのは"主権"の問題です。「国家は誰のものか」という話です。もしこの質問を絶対君主にたずねたならば，絶対君主は躊躇なく「私だ！」と答えるでしょう。しかしそれだと大多数の人びとが困る事態になってしまいますし，事実困っていました。

　絶対主義王政では，すべてが国王の思いのままにできます。当然，国の政治も財政も自分の好きなように決められます。戦争をしようが，豪華な宮殿を作ろうが国王の思いのままです。しかし，その負担は国民の上にのしかかってきます。いや，特権身分として，貴族と僧侶の階級は租税を免除されていますから，その負担は，農民と都市の商工業者のみが負うことになります。すると都市の商工業者と農民は，自分の意志とは関係のないところで勝手に財政支出が決められ，その重い負担だけを背負うという構図になってしまいます。

　絶対主義王政のとった重商主義政策もまた問題を抱えていました。重重商主義政策の根底にあるのは「富とは貨幣や貴金属である」という考え方です。「貨幣や貴金属を集めれば，豊かになれる」というものです。個人ならばお金

を集めることで豊かになれるかもしれません。しかし国家単位でみたならば，そうはいきません。いくら国内に金や貴金属が満ち溢れても"モノ"がなければ人びとの暮らしは豊かになりません。必要とされる産業が育つとか，生産性があがって"モノ"が豊富にならない限り人びとの生活水準は上がっていきません。

また重商主義政策は市場メカニズムとも相いれません。輸出を増やすために特定の産業を保護したり，価格の統制を行うことは市場メカニズムにゆがみを生じさせました。その財が必要とされていないにもかかわらず，国の政策によって特定の財を生産するということは，本当に必要とされる財へ資源が向けられないことになります。コルベールは輸出産業を推奨していましたが，国民の需要を満たすようなものではありませんでした。

ここで「主権は誰にあるのか」という問題が問われることになります。主権が国王にある限り，このような状況はさけられません。「国家＝国王のもの」という世界では，国王が豊かになることが国家が豊かになることになります。しかし，国民は豊かになれません。いくら国王が壮大な宮殿を作ろうが，強大な軍隊を持とうが国民の生活とは関係ありません。国民は豊かになれません。

ここに「主権」の問題が起きています。「主権は誰のものか？」「国家は誰のためにあるべきか？」といった問題が問われてくることになるのです。

この課題を乗り越えたところに18世紀の**自由主義社会**がありました。主権は「国民（**国民主権**）」にあり，政治では「**議会制民主主義**」が実現し，経済は，市場経済に基づく**自由放任主義**が行われるようになった世界です。

本章では，これらの点についてみていこうと思います。

第1節　国家は誰のものか
――国民主権の実現へ――

16世紀～18世紀にかけてはイギリスでもフランスでも絶対主義王政が行われていました。しかし，商業の発展にともない，ある程度の経済力を持った階層が育ってきました。ヨーマンとよばれる独立自営農民や**ジェントリ（郷紳）**な

第7章 市民社会と自由主義経済

どとよばれる人びとです。政治学では，このような人びとを「**市民**」とよんでいます。20世紀に登場する大衆と区別する意味で，「**教養と財産を持った人びと**」を「**市民**」と定義しています。（フランスでは**ブルジュワジー**ともいいます）この市民たちが求めたものは政治的・経済的な"自由"でしたが，それは絶対主義王政とは相いれないものでした。

表7.1　主な「主権論」

ボーダン (1530〜96)	国家の主権は絶対的かつ永続的権力であり不可分である。主権の目的は安全と平和を回復することであり，君主はこの主権によって秩序を回復し，そのうえで正義にかなった統治を実現しなくてはならない。（『国家論』1576年）
ボシュエ (1627〜1704)	神は国王を使者として，国王を通じて人びとを支配している…国王の人格は神聖であり，彼に逆らうことは神を冒涜することである。（『世界史序説』1685年）
ホッブズ (1588〜1679)	人間は本来，自由，平等で独立した存在であるが，国家の存在しない自然状態では「万人の万人に対する闘争状態」におかれ，みずからの生命を守る権利が確保されなくなる。そこで自由な意思に基づいて，互いに契約を結び，国家に自然権を譲渡して秩序を維持することが必要である。（『リヴァイアサン』1651年）
ロック (1632〜1701)	人間は生まれながらにもっている自由・生命・財産の自然権を守るため，社会契約を結んで国家を組織する。そして政府は人民の信託によるものであり，政府が人民の自然権を侵害した場合，人民による抵抗権がある。人民の代表からなる議会が最高権限をもつ。（『市民政府二論』1690年）
ルソー (1712〜73)	個々人の間での契約によって一つの共同体（国家）をつくり，公共の利益を目指す一般意思を人民が担うことによって，本当の自由と平等を実現できる。（『社会契約論』1762年）

　こうして17世紀以降，市民階級と王権の闘争が展開されていくことになります。それがイギリスではピューリタン革命と名誉革命であり，フランスではフランス革命でした。

　しかし市民たちが王権と闘うとき，市民の前には厳然として国王の権威がありました。"神に祝福された国王""神から国民の統治を任された国王"という

正当性が存在していたのです。そのような神々しい権威に抗するには，市民の側も市民なりの正当性を持たなくてはなりません。人間というものは「自分たちが正しい」と信じられるような信念がなければ戦えないものなのでしょう。そのために考え出されものが「社会契約論」という政治理論でした。

以下，その社会契約論とそれぞれの革命についてみていきます。

（1） 王権神授説

フランスの**ボーダン**（1530-1596）から"**主権**"という概念がはじまります。ボーダンの生きた時代のフランスはユグノー戦争の最中でした。貴族や市民はカトリック（旧教）派とユグノー（新教）派に分かれて壮絶な宗教戦争を繰り返していました。

ボーダンはそのような混乱のなかで，家庭において家父長が家族に対して絶対的権限を持つように，王は国民に対して絶対的権限を持つべきであると考えました。そして「家族においても国家においても主権者はただ一人であるべきだ。そうでなければ暴君による悪政にも劣る放埓なアナーキー（無政府状態）が起きる」として，国王による絶対的支配を主張したのです。

この発想の目新しいところは，教会の権威や封建貴族の存在を国王の下に置き，単純な「支配者―被支配者」の関係でとらえたところです。

聖書のマタイ伝には「カエサルのものはカエサルに，神のものは神にかえしなさい」という言葉があるように，中世においては世俗の権力と教会の権威は別のものでした。教皇が皇帝を破門して窮地に追い込むこと（「カノッサの屈辱」等）もあれば，国王が教皇を拉致するという事件（「アナーニ事件」等）があったりと，双方に角逐を繰り返してきました。「それがこのような悲惨な宗教戦争を引き起こしている。すべてを国王の絶対的な権限の下において統治されるべきだ」というのがボーダンの主張でしたこの"絶対的な権限"こそが"主権"でした。ここから国家の"主権"という概念が始まりました。

ボシュエ（1627-1704）はルイ14世の宮廷説教士を務めた人物です。そのような人物ですから，「国王の権威は神が与えたものである」という"**王権神授説**"

を強く主張しました。この時期，フランスはルイ14世の絶対王政が絶頂を迎えますが，その王権を支えた思想がこの王権神授説でした。後世の市民たちが闘わなくてはならなかったのが，この王権神授説という思想でした。

（2） ホッブズの『リヴァイアサン』

ホッブズ（1588-1679）の画期的なところは「国家が神の意志でつくられたのではなく，個人の自由意志によって作られた」と主張した点にあります。

ホッブズはその主著『**リヴァイアサン**』で以下のように述べています。

「人間は本来，自由で平等であり，生まれながらにして自己保存の権利を有している。しかし各人が勝手に自然権を主張すると"**万人の万人に対する闘争**"が起きてしまう。そうならないために各人の自然権を君主に譲渡し，その命令に従うべきである」

ホッブズが『リヴァイアサン』を書いた当時のイギリスは，革命の最中でした。

エリザベス1世の後，チューダー朝が絶えてしまうと，イギリスはスコットランドから**ジェームズ1世**（1566-1625）を国王として迎えます。

この時期，イギリスでは有力な商人や富農が形成されつつあり，議会でもそのような人びとの勢力が拡大していました。議会には法律の専門家や外交術の巧みな者など優秀な人物が多数いましたし，エリザベス1世も議会の決定を重視し，王権と議会は良好な関係を維持してきました。

ところが新たに国王となったジェームズ1世は王権神授説の熱烈な信奉者で，議会の存在を無視して，専制政治を行おうとしました。当然，議会との間には軋轢が生まれてきます。次のチャールズ1世（在位1625-1649）も同様のスタンスをとったために，議会との溝がさらに深まります。1642年にスコットランドの反乱鎮圧の戦費調達のために国王が議会を開きますが，これがきっかけとなって議会派と王統派の内乱に発展してしまいます。結局，クロムウェル率いる議会派が勝利し，チャールズ1世は処刑されてしまいます（1649）。これが**ピューリタン革命**とよばれるものです。"ピューリタン"とは，イギリス国教

会の信仰と慣行に反対したプロテスタント諸派の人びとをいいます。彼らは新興の市民たちが多く，議会でも中心となっていました。

　しかし，革命の中心となっていたクロムウェルが死亡すると，ピューリタン側も分裂し，チャールズ1世の子供のチャールズ2世（在位1660-1685）が国王として呼び戻されました。これを王政復古（1660）といいます。

　実はホッブズはこのチャールズ2世の家庭教師をしていました。そんな関係で，ホッブズも革命の期間中，他国に亡命していました。チャールズ1世が処刑されたのが1649年であり，ホッブズが『リヴァイアサン』を出版したのが1651年という微妙な時期でした。

　ホッブズはこのような社会秩序が崩壊していくなかで，"自然状態"について考えました。自然状態では，いかなる決まりも権威も存在しません。各自が勝手に好きなことをしていいという状態です。ただしこれは決して幸せな状態ではありません。お互いがいつ襲われるかわからない疑心暗鬼の状態です。ならば「やられる前にやれ」「徒党を組んで相手をやっつけろ」ということになり，戦争状態が生じます。「それが今，目の前で起こっている現象ではないか。ならば各人の持つ"勝手に好きなことをしていい"という権利（自然権）を放棄させればいい。そうすれば，平和な社会が実現され，人々が幸せに暮らせるではないか。それが可能なのは強力な力を持った国家のみである」と考えたのです。

　この場合，国家の形成について神の権威は必要ありません。人々が"勝手に好きなことをしていいという権利（自然権）"を，秩序を維持してくれる何者かに渡す契約を結べばいいだけです。ここに，国王が国家を統治する根拠について，「神がそうお決めになったからである」という王権神授説から，「国の秩序を維持するために，国民との契約である」という**社会契約説**への大きな転換がなされています。ただホッブズは，その対象を国王としたことで，絶対主義王政の擁護者という評価を得てしまいました。

（3） ロックの抵抗権

　ロック（1632-1701）は，イギリスの政治学者で名誉革命の正当性を理論化した人物です。ロックは『**市民政府二論**』(1690)において王権神授説を否定するとともに人民の国家に対する"**抵抗権**"という考えを示しました。

　「人間は生まれながらにして自由・生命・財産といった自然権を持っている。そしてその自然権を守るために社会契約を結んで国家を組織した。それゆえ政府は人民の信託によるものであり，政府が人民の自然権を侵害したならば，人民は抵抗権（革命権）をもつ」と主張しています。

　ホッブズの場合，人びとはすべての自然権を政府（国王）にゆだねるべしとしました。しかしロックの場合，人びとはすべての自然権を政府にゆだねたりはしません。政府にゆだねるのはその一部にすぎません。そして，もし政府が人びとの生命・財産・自由を侵害するようであれば人びとは政府に対して抵抗する権利を持つと主張しました。こうしてロックは名誉革命を正当化したのです。

　実際，王政復古後のイギリスでは，やはり政府に対して抵抗する必要がありました。王位についたチャールズ2世は当初こそ議会を尊重する姿勢をみせてはいましたが，心の底ではルイ14世のような絶対主義王政にあこがれていました。また宗教的にも国教会の復活を目指し，ピューリタンを圧迫するような政策を行うようになってきました。チャールズ2世の後を継いだジェームズ2世（在位1685-1688）もまた同様に宗教弾圧，専制政治を強化していきました。これに対して議会側が反対を唱え，国王の娘メアリとその夫のオラン二エ公ウィレムを国王としてオランダから迎えることを決定します。これに応えたウィレムがオランダ軍2万とともにイギリスに上陸すると，ジェームズ2世は逃亡し，**イギリス名誉革命**(1689)が成立しました。

　ウィレムとメアリは共同統治者としてイギリス王位につき，**ウィレム3世**（在位1689-1702），**メアリ2世**（在位1689-1694）となります。その際，議会は王に対して有名な**権利章典**を提出します。権利章典には，議会が法律を制定し，国家の予算を決め，軍の編成などについての決定権を有すること，王位継承権

ですら議会の制定法に従うことが記されていました。議会の力によって即位したウィレムですから，もちろんこれを直ちに承認しました。ここにイギリス議会制民主主義が始まることになります。

　後年，このロックの思想はアメリカ独立宣言やフランス革命にも大きな影響をおよぼすことになります。

　こうしてジェームズ1世の即位（1603）から権利章典の成立（1689）の80年を超える長い闘争によって，はじめて国民の生命・財産の保護。言論の自由，信教の自由などが承認され，イギリス議会制民主主義が確立したのです。

（4）　ルソーの一般意思

　ルソーの『**社会契約論**』（1762）はフランス革命に大きな影響を与えた著書として有名です。そのなかではルソーは**一般意思**という概念をその国家論の中心に置きました。

　この一般意思という概念は非常に抽象的で，現代でもさまざまに解釈されるところです。ルソーによれば一般意思とは，

① 各個人の自由意見によって社会契約が行われ，国家が成立する
② するとこの国家は意思を持つようになる。これを一般意思とよぶ
③ 一般意思は個人の事情や利害を超えたものであり，その総和ではない
④ 一般意思は常に正しく，つねに公の利益を目指すものである

というものだそうです。

　ここでは単純にこんな例で考えてみましょう。ここに福祉と税金の問題があるとしましょう。個々人の立場でいえば，福祉が充実してもそれによって税金が高くなるのは避けたいところです。この考えが集まったものが「個人の意思の総和」です。この個人の意思の総和では"福祉を削減して，税金を引き下げよ"という結論になってしまいます。しかし，社会全体の意思としては福祉の充実は絶対に必要です。こちらの方を一般意思といいます。

　よって，「政府が一般的意思を代表している限り，その政府は正当性を持つ。それゆえ市民がこのような一般意思を形成しうるような自由で平等な社会が形

成されなくてはならない」というのがルソーの主張でした。

ルソーは,「個々人の契約によって国家が形成される」という単なる社会契約論を超えて,「国家は自由と平等のもとに公共の利益を目指すべきである」という国家の在り方, 正統性について示したのです。

1789年, フランス革命がおきます。絶対王政の絶頂期であったルイ14世が死去し, その後を継いだルイ15世の代でもさらに財政がひっ迫していました。次のルイ16世の代になるともはや財政赤字はどうにもならない規模になっていました。ティルゴーやネッケルといった財務大臣がなんとか財政の立て直しをはかりますが, 決定的な改善はみられません。最終的には増税しか方法がなく, その議論のために三部会の招集したのがフランス革命の契機となりました。

フランス革命は紆余曲折の末, ルイ16世が処刑され, その後, ロベスピエールという人物が独裁制をひくことになります。このロベスピエールが信奉したのがルソーの『社会契約論』でした。ロベスピエールは, 国家の一般意思の実現を目指しました。しかし「一般意思は個別の意思の集合体ではない。それを超越した公共性の実現をしようとする国家の意思だ」という考え方は, 容易に独裁制に適用できるものでした。権力を持った者が「私の考え方こそ国家の意思である」と主張してしまえば, その意思が通ってしまいます。こうしてロベスピエールが政権を掌握すると独裁政権となり, 反対意見の者が次々と処刑されるという恐怖政治が行われました。

ルソーは「一般意思の形成には十分な話し合いが必要である」として議会の重要性を主張していましたが, この時期, 議会は十分に機能できませんでした。

フランスはその後, ロベスピエールの失脚, ナポレオンの登場, 正統主義による王政復古, 共和制の成立と続き, 議会が力を持つようになっていきました。

● 第2節　市民社会の二つの理論 ●

17世紀から18世紀末にかけて力をつけた市民たちは絶対王政を打倒し, 新たな市民社会を形成しました。時代の主役は, 封建時代の諸侯から絶対王政時代の国王へ, さらに市民たちへと移り変わってきたのです。それゆえこの時代を

「**市民社会**の時代」とよびます。この時代を支える理論は議会制民主主義と自由主義経済でした。

（１） 議会制民主主義のメカニズム

　革命で国王を追放ないし処刑してしまいましたから，市民たちは自分たちで国の方向性を決めていかなくてはなりません。本来は国民全員が集まって議論すること（直接民主制）がのぞましいのかもしれませんが，古代のギリシャではありませんので，国民が全員集まるなど不可能です。国民が代表を選出して，彼らに政治をゆだねるという方法（間接民主制）をとらざるをえません。こうして，代表として選ばれた人を**議員**といい，**議会**を形成し，予算や法律を決定していきます。これが**議会制民主主義**です。

　図7.1はこの議会制民主主義の仕組みを示したものです。

　国民はさまざまな欲求を持っています。「おいしいものを食べたい」とか「きれいな服が欲しい」といった欲望です。普通，これらの欲望は市場でその財を購入することで実現することができます。このように市場経済を通じて入手可能な財を**私的財**といいます。

　しかし，「道路がほしい」「公園がほしい」「福祉の充実した国にしてほしい」といった欲求をかなえることは市場経済にはできません。政府のような公的部門しか供給できません。このような財を**公共財**といいます。

　では，どのようにして国民ののぞむ公共財の供給が行われるのでしょうか。それを可能とするのが「**財政民主主義**」というシステムです。選挙を通じて国民ののぞみを実現していくという方法です。

　まず議員になりたい人は選挙活動にあたって公約を掲げます。「私が議員になったら，もっと福祉に力をいれます」「私に投票してくれたならば治安のいい社会をつくります」といったことを国民に訴えかけるのです。それを聞いた国民が「それならば，あなたにお願いしよう」と思えば，この候補者に投票します。これでこの候補者は選挙に勝って，議員になることができます。

　議員に当選した人はその公約を実現するように議会に働きかけ，公約が実現

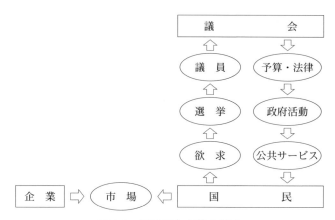

図7.1 財政民主主義の構図

できるような予算と法律を作るように頑張らなくてはなりません。

こうして公約を実現できるような予算や法律が作られると，政府（行政）はそれに従って行動していきます。もし「福祉予算が削減された」「治安が悪化した」といった公約と異なることになれば大変です。この議員は次の選挙では投票してもらえません。落選です。議員はそうならないように，国民に向かって語った公約を果たせるように全力で頑張らなくてはいけません。

こうして国民は自らののぞむ公共財を手に入れることができるのです。これが議会制民主主義によって国民ののぞむ公共財を適切に供給していくメカニズムとされています。

（2） 18世紀市民社会の議会制民主主義

ただしこの時代，すべての人びとが選挙に参加できたわけではありません。選挙に参加できるのはある程度の「財産と教養」を持っていると市民たちだけでした。多くの貧しい人びとには選挙権が与えられていませんでした。このような選挙制度を**制限選挙**とよびます。

このような政治制度の下では市民たちの思想や考え方のみが政策に反映されることになります。

この市民たちは"強い人びと"です。彼らは生きていくのに十二分な財産を持っており、社会的地位も確立し、教育も知識も十分に有している人たちでした。このような市民達は政府からのサービスや福祉等を必要としません。彼らが求めたのは、"自由"でした。

　市民たちはこの"自由"を手に入れるために絶対王政と戦ってきました。

　絶対主義王政の下では国王の考えひとつで、宗教も商業も規制されました。国王の意に沿わねば、逮捕も拘束もされました。それゆえ市民たちは、自分の信仰したい宗教を信仰することができる「信教の自由」、自分がしたいと思う仕事ができる「職業選択の自由」、不当な逮捕や拘束を受けない「人身の自由」などの「自由権」を求めて革命を起こしました。市民革命の成功は、この"自由"の獲得に他なりません。

　このような「財産と教養」を持った市民たちにとって、政府の規模も小さいほどありがたいものでした。大きな政府では税金も高くなりますし、規制も多くなります。なるべく自分たちの経済活動に干渉しない、規制もない、租税負担も少ないという政府が理想的でした。社会全体としても「勤勉」や「自助努力」がよしとされ、福祉や失業対策は重要視されませんでした。働けるのに働かないでいる人びとは犯罪者として強制労働が課せられたりしました。

　18世紀の市民社会においては「**小さな政府**」が理想とされたのです。

（3）　自由主義経済の理論　　古典派経済学

　政治の方は「小さな政府」が理想とされましたが、経済の方では**自由放任主義**が理想とされました。その理論的背景となったのが**アダム・スミス**の『**国富論**』です。

　この『国富論』のなかで述べられているのが"**神の見えざる手**"という言葉で表される市場メカニズムでした。すなわち本書の第1章から第3章まででみてきた市場の不思議な機能です。

　それゆえスミスは、「市場に任せよ」と言います。「市場に任せておきさえすれば、神の見えざる手（市場メカニズム）によって、財は最適に配分される。

政府による規制や指導は最小限にすべきである」と主張したのです。

　実はアダム・スミスが主張したかったことはもうひとつありました。それは**分業**です。『国富論』の第一章第一偏, は分業についての記述から始まっています。

　　「労働の生産力における最大の改善と，どの方向にであれ労働をふりむけたり用いたりする場合の熟練，技能，判断力の大部分は，分業の結果であったように思われる。」

　スミスは国の富は「労働の生産物から生じる」と主張し，絶対王政下の重商主義の「富とは貨幣や貴金属である」という考えを否定します。「もし貨幣や貴金属が大切であるならば，それだけたくさんのモノを生産して交換すればいいだけだ。その国の富は生産を増やすことで増加する」と主張しました。

　ではどのように生産を増やすのでしょうか。スミスの時代にはまだ本格的な産業革命は起きていません。それゆえ生産性を高めるためには機械化以外の方法を考えねばなりませんでした。それが分業でした。

　スミスは分業による生産性の増加をピンの生産工程を例にあげて次のように説明しています。「1人では1日に1本も生産できないであろうピンを10人で分業することで4万8,000本も生産できる」と述べています。

　ただし，この分業がうまくいくためにはある程度の市場参加者が必要となります。分業が行われる場合，職人たちが生産するのは半製品です。その半製品の取引は市場で行わなくてはなりませんが，ある程度の大きさがないと商売はなりません。スミスは『国富論』のなかで分業を成り立たせるための市場の大きさとその方法についても論じており，都市化の有効性についても述べています。

　『国富論』の主張をまとめると

　「国の富の源泉は生産の増加にある。それゆえ国を豊かにするには分業を進め，生産性を高めよ。そのためには自由な市場が必要であり，政府はできるだ

け市場には関与すべきではない』となります。

ここでも自由な経済活動と小さな政府が求められています。

このようにスミスの『国富論』は国の発展する方向性とその手段を明確に示しました。イギリスはスミスの示す通りの方向で進み，繁栄を謳歌することになります。それゆえアダム・スミスは"経済学の父"とよばれるのです。

第3節　産業革命の進行

第4章でみた「市場経済が発展するための条件」は18世紀の「自由主義社会」の確立によって，すべて実現しました。

はじめの"国家が武力を独占していること"はすでに絶対主義王政のもとで実現されていました。2番目の"国家が国民から収奪を行わないこと"も3番目の"国家が国民の発展を阻害しないこと"も心配なくなってきました。国家の統治を行うのが議会であり，その議会の構成員である議員たちが「小さな政府」をのぞんでおり，政府のこのような干渉を許しません。

こうして，ヨーロッパでは自由な経済活動が盛んに行われるようになり，市場経済がものすごい勢いで発展していきます。新しい動力，新しい発明，新しい企業形態が次々とビジネスに取り入れられるようになってきました。

（1）　労働者と資本家の発生

分業はたしかに生産性を拡大させます。しかし分業にはもうひとつの大きなメリットがありました。それは"作業の単純化"です。分業の結果，職人は同じ作業を繰り返し行うようになります。作業が単純になれば，その作業を「もっと簡単にできないか？」という工夫が生まれてきます。ここに機械の利用の可能性が出てきます。静かに産業革命が動きはじめたのです。

イギリスの産業革命の時期は1760年頃から1830年頃だといわれています。それまでの工業は，農村で行われる**家内制手工業**が中心でした。だいたいどこの家も農業をやっていて，そのかたわらで，家族の者が羊毛を紡いだり，織物をしたりするという程度のものでした。それを巡回してくる商人が買ったり，注

文をしていったりというのんびりしたものでした。

　しかし16，17世紀頃になってくると，富裕な商人たちが，職人に道具や原料を渡して生産してもらい，製品と引き換えに賃金を渡すという**問屋制家内工業**に代わってきました。

　やがて，裕福な商人が工場を建てて，そこに職人を集めて生産を行うようになります。これを**工場制手工業**（マニュファクチャ）といいます。一カ所で生産を行うので生産性は非常に高くなりますし，分業を行えますから効率的です。また工場での分業は，その生産にかかわる人が"生産工程のすべてを知らなくてもよい"ものにしました。はじめから最後まで生産する"職人"は，その生産物の製造過程のすべてができなくてはなりません。しかし分業は，その担当するパートのみできればそれで十分なのです。こうして職人たちは**"労働者"**へと変わっていきました。一方で，工場を建て機械を設置したような裕福な商人，工場主たちは**"資本家"**よばれるようになりました。

（2）　木綿工業の発展

　木綿工業の発展は，東インド会社の微妙な失敗から始まりました。もともとイギリス東インド会社は，香辛料の輸入と毛織物の輸出の促進を目的として設立されました。しかし，アンボイナ事件（1623）でオランダの東インド会社との争いに破れ，アジア貿易から締め出されてしまいました。香辛料を扱えなくなったイギリス東インド会社は仕方なくインドに進出しました。このイギリス東インド会社が，インドから輸入したのがキャラコ（インド綿布）でした。

　キャラコは軽さ，柔らかさ，温かさ，加工のしやすさなど，どれをとってもイギリスの毛織物よりもはるかに優れており，爆発的な人気を呼び起こしました。大儲けをした東インド会社はそれでいいかもしれませんが，おさまらないのは大打撃を受けた毛織物業社たちです。「そもそも東インド会社は輸出促進のために建てられたのに，それが国内の主力産業を危機に陥らせるとは何事だ！」というわけです。だいたい熱帯に住むインド人に羊毛の毛織物を着せようということ自体がおかしいのですが，毛織物業関係者が議会で多数を占めて

おり，ついに議会は「キャラコ禁止法」(1720) を制定して，キャラコの輸入を全面的に禁止してしまいました。するとおさまらないのがイギリスの消費者たちです。「今さらゴワゴワした毛織物なんか着れるか！」「輸入できないのならば，国内で作れ！」ということになり，国内に木綿産業が発展し始めました。これが産業革命の始まりになりました。

まずランカシャーのジョン・ケイ (1704-1764) が飛杼(とびひ)を発明します。飛杼とはいいますが，特になにかが飛んだりするわけではありません。その動作の速さが"飛ぶようにはやい"ということに由来します。飛杼の発明により，どんな幅の布も一人で素早く織れるようになりました。

しかし今度は糸の生産が追いつきません。そこで糸を紡ぐための紡績機の改良が急務になってきます。1776年ハーグリーヴズ (1746-1778) がジョニー紡績機を開発します。"ジョニー"はハーグリーヴズの妻か娘の名前に由来します。彼女が糸車を倒してしまっても，糸車が問題なく機能したことをみて，ジョニー紡績機を発明したといわれています。

続いてアークライト (1732-1792) が水力紡績機を発明します。水力で動かすので，ジョニー紡績機よりも太く強い糸を大量に生産できるようになりました。これを機に大量の賃労働者が雇用され，大量生産が行われるようになり，綿製品は逆にインドに輸出されるほどになってきました。

1779年には，クロンプトン (1753-1827) が，ジョニー紡績機の長所と水力紡績機の長所の組み合わせたミュール紡績機を作るのに成功しました。その後1830年にリチャード・ロバーツがこれを蒸気機関で動くようにし自動化が実現し，さらに工場は大規模なものになっていきました。

このように糸の生産が増加してくると織機の方も改良しなくてはなりません。1784年にはカートライト (1743-1823) が蒸気で動く力織機を発明すると，イギリスの木綿産業の工業化が一気に進んでいきました。

（3） 動力革命　石炭と蒸気機関

17世紀のイギリスでは鉄工業が盛んでした。鉄を溶かすには相当の火力が必

要であり，当時は木炭が使用されていたことから，イギリスの森林資源が枯渇してしまいました。この木炭に代わる資源として注目されたのが石炭でした。この石炭を掘る炭鉱の水の排水ポンプに使われていたのが蒸気機関でした。これに改良を加えたのがジェームズ・ワット（1736-1819）です。もともと大工だったワットはグラスゴー大学に出入りする学者たちと接近することで蒸気機関の研究をはじめ，1765年には小さな蒸気機関の発明に成功しました。その後1774年に蒸気機関の製作会社を作ります。そして1785年にはじめて木綿工場に蒸気機関が据え付けられました。こうして蒸気の動力化が進み，産業革命が本格化していきます。

　この蒸気機関を車に取り付けてレールの上を走らせたのがスティーブンソン（1781-1848）でした。当時は木製のレールの上を馬が牽引して貨車が走っていましたが，これを蒸気機関車に牽引させようとしたのです。1825年にストックトンとダーリントン間を走らせたのが世界初の鉄道でした。次いで1830年にリバプール＝マンチェスター間を結ぶ鉄道がひかれました。

　陸上での蒸気機関の利用はすぐに海上輸送にも使われるようになりました。世界で初の汽船の運転に成功したのはアメリカ人のフルトン（1765-1815）でした。1807年にフルトンの作ったクラモント号がハドソン川は時速8kmでさかのぼることが可能でした。1819年にはアメリカの蒸気船サヴァンナ号が大西洋を横断し，以後，大西洋航路が形成されることとなりました。

　このように18世紀の「自由主義社会」のもとで市場経済は著しい発展を続けました。次々と発明の成果が取り込まれ，人びとの暮らしをより素晴らしいものにしていきました。人類は，それまでの何千年もの世界とは全く異なる世界を作りはじめたのです。

第3部　資本主義の成立と課題

　　第8章　資本主義の成立
　　第9章　20世紀の危機
　　第10章　ケインズ型マクロ経済政策の登場

　ヨーロッパで成立した市民社会は"自由"を基本とした社会でした。自由に政治を語り，自由に経済活動を行うことで理想的な社会が実現できると信じていました。しかし19世紀の後半になってくると少しずつ，その"自由"について考え直す必要がでてきました。
　市場経済の発展は，資本主義経済を生み出しました。資本主義経済はさらに経済を発展させるものではありましたが，その「無限の資本の増殖」という活動原理は国内においては貧富の格差を，海外においては植民地の拡大を引き起こしていきました。この貧富の差の拡大はマルクスによる共産主義思想を広め，第一次世界大戦後にソビエトを誕生させ，資本主義の脅威となりました。また資本の拡大は株式市場を拡大させましたが，1929年にニューヨーク株式市場の株の大暴落とそれに続く大恐慌は資本主義の不安定性を露呈するものでした。
　民主主義もまた大きな課題が生まれつつありました。「多くの人々が政治に参加することこそ民主主義の理想である」との考えから，選挙権の拡大が行われてきたのですが，新たに政治に参加してきた"大衆"という階級は，合理的思考による政治判断ではなく，イメージと感情によって政治判断を行う，扇動されやすい人々でした。このなかからヒトラーが政権を獲得し，ナチスが生まれ，第二次世界大戦が発生していきました。
　人類は，「資本主義はどうあるべきか？」「民主主義はどうあるべきか？」を問い直さなくてはなりませんでした。これを「20世紀の危機」とよびます。

第8章
資本主義の成立

　前章までは市場経済の発展の経緯についてみてきました。人類の歴史において市場経済が生成・維持・発展していくことは奇跡的なことであること，そしてヨーロッパではその奇跡が実現し，自由主義経済が成立し，産業革命が起き，人類の暮らしが一変していったことをみてきました。そして市場経済はさらに発展し，ついに資本主義経済を生み出しました。人類はこの資本主義経済のもとでさらに成長・発展を続けることになります。しかし，この資本主義という制度はその中に大きな負の側面も持っていました。本章では資本主義の発展とその問題点についてみていこうと思います。

● 第1節　資本主義の形成 ●

（1）　ダーウィンの進化論からハーバート・スペンサーの社会進化論へ

　『ビーグル号航海記』という本をご存知でしょうか。昔の小学校にはどの教室にも本棚があり，その一角には必ずこの本が推薦図書として置いてありました。なにか表紙には頭に特徴のあるおじさんと帆船の絵が描いてありましたが，海賊も怪獣も出てきそうにないので，結局，誰も読まないまま放置されていました。おじさんのほうは必ずといっていいほど頭に落書きをされていたように覚えています。それから30年近くたって「ああ，あれはダーウィンさんだったんだ！」と思い当たって，ちょっと申し訳ない気になったりしました。

　さて，その**ダーウィン**（1809-1882）が有名な『種の起源』を著したのが1859年のことでした。ダーウィンは1831年から1836年にかけてビーグル号という船に乗り込み，南半球の生物について研究・調査をしてまわりました。その時の記録が先の『ビーグル号航海記』です。ダーウィンは，ガラパゴス諸島に立ち

寄ったときに見たフィンチという鳥からヒントを得て，進化論を思いついたといわれています。そして書き上げたものが『種の起源』でした。その内容は「生物は変化してゆく。その環境に最も適応したものだけが生き残り，その子孫を残していく。その結果，その環境に適応した種が形成されていくことになる。これを進化という」というものでした。

『種の起源』の進化論は当時の学会にセンセーショナルな話題を巻き起こしました。特にキリスト教では「神がすべての生物をおつくりになった」とされており，ダーウィンの進化論とは相いれないものがありました。今でもアメリカのある州では進化論を授業で教えないそうです。

さて，進化論はあくまでも生物学の世界の話です。しかし，**ハーバート・スペンサー**（1820-1923）がこの進化論を「**社会進化論**」として社会学にとりいれました。「適者生存」という言葉はダーウィンではなく，スペンサーの造語です。一応スペンサーのためにいわせてもらうと，スペンサーは「進化は自然のみならず，人間の社会，文化，宗教にまで及ぶ」とは主張しましたが，それは国家や組織を生物のような有機体とみなし，それが進化していくというものです。マルクスもこのスペンサーの考えに影響を受けて，資本主義から共産主義への移行というものを考えています。この場合，進化はあくまで国家とか社会といった組織の変化のみを対象としていました。

しかし，当時の自由主義的風潮は，生物学的な生存競争を経済における市場の競争と同じとみなし，「適者＝強者」とみる見方に傾いていきました。すなわち「優れた企業が繁栄し，劣った企業が淘汰されるのは市場のルールであり，それによって社会・経済が発展していくのだ」というものです。これが純粋に市場における価格競争メカニズムについてのみならば，あてはまるかもしれません。しかし，「人間も同様で，優れた人間が栄えて，劣った人間が貧しいのは仕方がないことである」「貧しい人びとが貧しいのは努力とか勤勉さがたりないからである」「すべては自己責任だ。自助努力だ。」という議論になってくると話が変わってきてしまいます。さらにこれが海外進出，植民地の獲得という場面においては「優れた国民が劣った国民を支配するのは正しいことである。

それによって劣った国民を指導してやるのだ」という理屈にまでなってくると，あきらかに行き過ぎかと思われます。しかし，当時の市民社会の自由主義的社会はこのような発想を肯定する風潮にありました。

（2） 資本主義の形成と展開

　資本主義の始まりは，絶対王政が打倒された17世紀頃に始まるといわれています。18世紀にはさまざまな発明や産業革命が進み，19世紀のロンドンは「世界の工場」とよばれるまでになっていました。

　この間に新しい階級が形成されてきました。資本家と労働者です。資本家とは企業に資本（＝お金）を提供する人たちのことをいいます。多くの労働者を雇い，工場を経営している人たちです。後に株式市場が発展し，**"資本と経営の分離"** が起きてくると，資本家は経営者ではなくなってしまいますが，19世紀初めのころは，大部分が「工場主＝資本家＝経営者」となっていました。

　労働者とは，工場で働く人たちです。18世紀末から19世紀初めにかけてイギリスでは第二次囲い込みが行われていました。第一次囲い込み（15世紀末〜17世紀）は毛織物産業の発展を背景に，羊を飼おうとした領主や地主が小作人を共有地から追い出したというものでした。これに対して第二次囲い込みは「フランスとの戦争をひかえて食料増産を目指す」というイギリス議会によって積極的にすすめられた政策です。国の施策ですから非常に大規模に行われました。この第二次囲い込みによってイギリスの耕地の20％以上が囲い込まれたといいます。そして，この囲い込みにより，農業資本家が農地を効率的に経営するようになり，イギリスの農業生産は著しく拡大しました。しかしそこで働いていた農民たちは働く場を失ってしまいます。その受け皿となったのが，都市の労働者として働くという道でした。ロンドンやリバプール，マンチェスターといった都市は，資本家による工場が立ち並び，地方からでてきた大量の農民が労働者として働き，大都市が形成されていきました。

第8章　資本主義の成立

（3）　資本の無限の増殖　　資本主義のメカニズム

マルクスは，資本を「剰余価値を生むことにより自己増殖する価値の運動体」と定義しています。非常に難しい説明なので図を使って説明してみましょう。

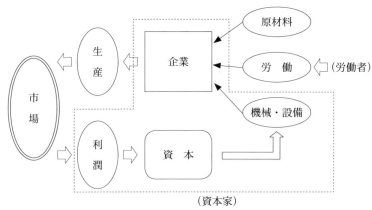

図8.1　資本の無限の増殖

図8.1は「**資本の無限の増殖**」とよばれる資本主義のメカニズムを示したものです。資本家は企業（＝工場や農場）を所有しています。土地も持っていますし，機械も持っています。これは"生産手段を所有している"とも言います。図8.1では点線で囲まれた部分が資本家の所有するものを表わします。

さてその資本家は労働者を雇用したり，原材料を購入したりして生産活動を行います。そして生産された製品（農産物や工業製品）を市場で売るのですが，その市場では競争が行われます。そこの競争に勝った企業だけが利潤を得ることができます。ここら辺の話は第1章でみてきたとおりです。

次に資本家はこの利潤を投資に回します。儲けた利潤をぜいたく品の購入やおいしいものを食べるといったことにまわすのではなく，新しい機械を買ったり，工場を拡張したりすることに使います。このような行為は"資本を増やす"ことになります。なぜ資本を増やすのかといえばそうした方が競争に勝て

るからです。大きい工場の方が効率的に生産できて競争に有利です。そうしてさらに競争に打ち勝ち，利潤を獲得し，さらに企業を拡大していきます。このような動きを資本の無限の増殖とよびます。

資本主義とは，市場経済において資本がこのような動きを見せる経済体制のことをいいます。この資本主義経済体制は巨大で効率的な企業を生み出し，大きな雇用とすさまじい供給能力を実現しました。

ところで，やはり企業は勝たなければなりません。市場で競争に勝たなければ存在できません。そこで資本主義のもとでは，企業はさまざまな方法で競争に勝とうとします。図8.1を見ると競争に勝てそうな方法は3つあります。

まずは「原材料の値段を引き下げること」であり，2つ目は「商品を売る市場を確保すること」です。この2つは「植民地を獲得する」という方法で実現が可能です。植民地を手にいれれば，そこの原住民に資源を安く掘らせることも可能ですし，コーヒーやカカオのように単一の生産物のみを作らせることも可能です。さらにそれらの製品を原料として作った製品を再び植民地に高く売りつけるということもできます。ひどい話ですが，なにしろこの時代は自由放任経済が基本です。政府は企業の経済活動には関与しないのが原則です。いや，むしろ後述するように積極的に支援もしていました。ヨーロッパ各国は先を争って植民地獲得に走りました。

もうひとつの方法は「安い労働力を雇用すること」です。これは国内の労働力を安く雇用することを意味します。それは悲惨な貧富の差を生み出しました。

これら資本主義の抱える問題については，マルクスとレーニンが詳細に分析をしています。以下，順にみていこうと思います。

第2節　貧富の差の拡大とマルクスの『資本論』

（1）労働者の貧困

自由放任主義経済においては，契約は自由に行われるのが原則です。そこに政府は介入してきません。現在のような労働組合もありませんし，最低賃金法もありません。労働者の賃金は工場主と労働者の間での個々の契約によって決

定されていました。

　すると多くの場合，労働者側が非常に不利な立場におかれてしまいます。資本家の方は生産手段を所有しており，多くの労働者を雇用しています。これに対して労働者側は働かせてもらわなければ生活できません。当然，労働者側に不利な交渉になってきます。

　この時代，労働力はいくらでも存在していました。第二次囲い込みによって農地から追い出された農民たちが都会に次々と流入しており，供給過多の状態になっていたのです。それゆえ労働者側は低い賃金，劣悪な環境，長時間労働という条件で働かねばなりませんでした。

　この時代は自由放任主義であり，「最小の政府」が理想とされていました。政府による規制や指導は最小限とされおり，少年や少女に対する義務教育制度もなければ，その労働を規制する法律もありません。それゆえ貧しい子供たちは幼いころから炭鉱で働かなくてはなりませんでした。しかし，炭鉱ですから常に落盤事故がありました。栄養状態も悪いうえ，石炭の粉塵は肺に入ってしまいます。そのため労働者たちの平均寿命は20歳に満たなかったそうです。地域によっては15歳という，驚くようなデータもありました。

　地方から出てきた貧しい労働者は都市部に集まって住むようになりました。スラム街とよばれる地域で，非常に不衛生で治安の悪い場所となっていました。

（2）　マルクスの『資本論』

　マルクス（1813-1883）といえばすぐに「共産主義」と直結してしまいがちですが，マルクスの著『**資本論**』（1867）は，むしろ資本主義についての研究書です。「資本主義社会の本質とはなにか？」「資本主義はどこにいくのか？」といった問題について考えています。

　マルクスは「資本主義は資本家が労働者から搾取することで成り立っている」と主張します。たとえば，労働者がある企業で1日8時間の労働をさせられているとしましょう。そのうち労働者が生活してくための労働時間を4時間とします。これはご飯を食べたり，寝るための場所を確保したりするため（労

働の再生産）の労働時間であり，必要労働時間といいます。これに対して残りの4時間は剰余労働時間といいます。マルクスは，「資本家は労働者からこの剰余労働時間の分を搾取している」と主張します。これがやがて「搾取する資本家」と「搾取される労働者」という階級対立を生んでいきます。

　その一方で，資本主義それ自体も問題を抱えていました。資本主義は市場経済において成り立つ制度であり，市場経済は競争によって成り立っています。しかしその結果，勝ち残るのは少数の企業のみになってしまいます。するとほんの一握りの富める者と大多数の貧しい人たちという構図ができてきます。

　そして資本主義が発展し，その成熟期を迎えるころになると資本主義の抱える矛盾（貧困，貧富の格差等）もピークを迎えます。いまや圧倒的多数となった労働者階級（プロレタリアート）が少数となった資本家（ブルジュワジー）を打ち倒します。社会主義革命，共産主義革命が起きてきて，資本主義はプロレタリアート独裁（労働者階級による権力の掌握）という段階に進んでいきます。

　このプロレタリアート独裁の段階においては，市場とか競争は存在しません。労働者の政党である共産党が生産計画を立て，国民はその計画にしたがって働き，必要な物は平等に分配されるという仕組みがとられます

　このようにマルクスは，「資本主義経済はそれ自体大きな矛盾を抱えており，それは必然的に崩壊する。資本家階級は労働者階級によって打倒され，新しい世界が生まれる。それは市場も競争もない世界であり，みんなが平等に生きられる社会である」と主張しました。

　このような思想は，労働者階級からみればユートピアを示してくれるものでしたから数多くの賛同をえるものでした。しかし資本家からみれば到底容認しえない革命思想でした。資本家階級にとっては自分たちが打倒されるのも困りますし，市場がなくなるのも困ります。その一方で，マルクスの理想とするような共産主義社会など実現できるはずないとも考えられてもいました。

（3）　ソビエト連邦の成立

　そのありえないはずのことが実際に起きてしまったのです。

1917年の2月のことでした。この年，ロシアは第一次世界大戦の最中にあり，国民は食料と物資の不足に不満を募らせていました。この日，反戦と平和を訴える民衆たちがデモ行進をしていたのですが，それに軍隊が発砲し，大規模な衝突が発生しました。各地で暴動やストライキがおき，ついには軍隊にまで反乱がおきるにいたり，ロマノフ王朝は滅亡します。

その後，外国に逃亡していたレーニンをはじめとする社会主義者たちが帰国し，政権を奪取します。そして歴史上初の社会主義国家を成立させたのです。

社会主義国の成立は資本主義の国々に大きな衝撃を与えました。マルクスの妄想にすぎないと思われていたものが実現してしまったからです。マルクスの『資本論』によれば，この後，資本主義国でも次々と革命が起き，資本家が打倒され，計画経済に移行することになっています。そのようなことになってもらっては困る資本主義国，アメリカ，イギリス，フランス，日本などはロシアに出兵しますが，目立った成果を上げられず，1920年には内戦が終結し，1922年にソビエト社会主義連邦共和国が成立しました。

これ以後，資本主義は社会主義という全く別のイデオロギーの挑戦を受け続けることになります。「市場経済と計画経済どちらが優れているのか？」「もしかしたらマルクスのいうとおり，市場経済は計画経済に移行するものなのか？」といった疑問と不安を抱えながら資本主義経済は20世紀を通じてその在り方を模索していくことになるのです。

第3節　世界分割
―植民地支配から第一次世界大戦へ―

（1）　世界分割

もうひとつのコストを下げる方法は「原材料を安く購入する」というものでした。ヨーロッパは世界中の国々を植民地にしていきました。植民地では，現地の人びとを安い費用で働かせるということもできました。また自国で作った生産物を強制的に販売することもできます。植民地から第一次産品（農産物，鉄鉱石等）を輸入し，それを本国で加工して，再び植民地に高く売るのです。

ヨーロッパが植民地を持ちはじめたのは15～16世紀頃でした。この時代は重商主義政策が主流でしたから貨幣や貴金属を集めることに重点が置かれており，香料や金，銀，宝石などの収奪が目的でした。この時代，主に植民地を広げていたのはスペインとポルトガルでした。勝手に教皇子午線（1493）などをひいて世界を分割したり，インド諸島やメキシコなどでインディオたちを強制労働させて，銀や砂糖を手にいれていました。

しかし18世紀中ごろから19世紀前半にかけて資本主義が発展してくると，植民地は原材料の供給地及び市場としてみられはじめます。

まず植民地は本国の工業の原材料の供給地とされました。特定の農産物に特化したプランテーションも行われ，綿，砂糖，小麦，茶等が生産され，本国に送られました。現地の人びとは安い労働力として使用されるだけでなく，その本国で生産された工業製品を買わされるという二重の収奪を受けていました。この時代に植民地政策を推し進めたのはイギリス，フランス，オランダなどでしたが，最終的にはイギリスが優勢となっていきました。

さらに，19世紀も後半になると帝国主義の時代に入ってきます。

このころになると産業革命の成果が植民地支配にも反映され，蒸気船による物資の移動，鉄道網の建設，電信による通信の発達，石炭から石油への資源の転換などが行われるようになってきます。イギリス，フランス，ドイツ，イタリア，ロシア，ベルギー，アメリカ，日本などがそれぞれの国の置かれた地政学的環境から世界戦略を持って植民地化に拍車をかけていきました。

たとえばイギリスはカイロ，ケープタウン，カルカッタを鉄道で結び効率的な植民地支配を確立しようとした3C政策を実施していきます。ドイツはベルリン，ビザンティウム（イスタンブール），バグダードを結ぶ3B政策を実施するなど，各国は帝国主義的な植民地戦略を展開していきました。

こうして20世紀の初めには，地球上が先進国によって分割されていきました。これを**世界分割**といいます。

（2） レーニンの『帝国主義論』

このような資本主義という制度が世界分割に至るまでの経緯について論じたのが**レーニン**（1870-1924）の**『帝国主義論』**（1917）でした。

『帝国主義論』は世界分割までの過程として次の5つの特徴をあげています。

『帝国主義』の特徴
1）生産と資本の集中・集積による独占資本体制
2）産業資本銀行資本の融合による金融資本の成立
3）商品輸出にかわる資本輸出の増大
4）国際カルテルによる世界市場の分割
5）帝国主義列強による植民地分割の完了

資本主義経済を成り立たせているのは競争です。競争に負けた企業は市場から撤退し，勝った企業が市場に残りさらに資本を拡大していきます。その結果，最終的に市場は少数の巨大企業によって占められることになります。同じことは銀行界でも起きています。多くの銀行が淘汰され，少数の巨大銀行のみが存在することになります。これが1）の「生産と資本の集中・集積による独占資本体制」です。

やがて，その産業界の巨大企業と銀行融界の巨大銀行が手を結びます。その結果，巨大な銀行の周りにいくつもの巨大企業が集まり，ひとつの巨大な勢力が形成されます。これを金融資本といいます。これが2）の「産業資本銀行資本の融合による金融資本の成立」です。

この金融資本がさらに競争を繰り広げて，最終的にほんの一握りの金融資本しか存在しなくなります。これを独占資本といいます。独占資本は非常に巨大な力を持っています。その力は，経済のみならず政治・社会の隅々にまで影響をおよぶようになっていきます。

独占資本は政府にも強い影響力を持っています。独占資本は資源と市場を求めて海外に出ていこうとしますが，当然，相手の国には障害となる武力を持った人びとが存在しています。そこで議員に働きかけ，議会を動かし，軍を派遣してもらうようにさまざまな圧力や誘導を行います。こうしてアジア，アフリ

カの国々にヨーロッパの軍隊の侵略が行われ，植民地化がすすんでいきました。植民地になった国では，独占資本による工場や農園，鉱山などが開発され，その国の人びとが働かされました。これが３）の「商品輸出にかわる資本輸出の増大」です。

こうして４）国際カルテルによる世界市場の分割，がすすみ，最終的に５）帝国主義列強による植民地分割の完了に至るというのが『帝国主義論』の主張でした。

（３）　第一次世界大戦

ヨーロッパ列強による世界分割は世界中に及びました。20世紀初頭にはもはや世界中に分け取りできる場所が存在しなくなっていました。

その時に起こったのが**第一次世界大戦**です。その発端は，セルビアの民族主義者がオーストリア＝ハンガリー帝国のフランツ・フェルディナント大公を暗殺したことに始まりますが，背景には世界分割の終了がありました。嫌な言い方になりますが，目の前のピザをみんなで分けていって，もはや分けるものがなくなったので次には持っている者から奪い取ろうという姿に似ています。各国は早々に戦争に突入し，世界規模の戦争に発展していきました。

しかしその被害は空前のものとなりました。戦死者802万人，負傷者2,122万人，民間死者664万人というとてつもない被害です。ちなみにその前に起きた日露戦争では日本側11万5,600人，ロシア側４万2,600人という規模でしたから，全く桁が違います。

このような膨大な被害がでた背景には兵器の近代化がありました。第一次世界大戦では，戦車も登場しましたし，飛行機も現れてきました。マシンガン，毒ガスなど科学の成果が次々と戦争に投入されていきました。

そしてなによりも"総力戦"という戦争の形式が被害を拡大しました。総力戦とは国家がその総力をあげて戦争する仕組みです。この時代には産業も，経済もすべて戦争に利用できるように動員が可能となってきていました。もはや少人数での奇襲とか夜襲といった小手先の戦術が勝敗を決するのではなく，国

家が総力をあげて四つに組んで戦うというものになってしまいました。前線では物資と人間が消耗されていきますが，それにどこまで耐えられるかという経済力が勝負となる時代になってしまったのです。

　市場経済は，資本主義経済を生み出しました。それはたしかに効率的な生産体制であり，人びとの暮らしを豊かにしてくれるものでありました。しかし，行き過ぎた自由放任主義は貧富の差を拡大し，共産主義思想を生み，社会主義国家ソビエトを作り出しました。海外への植民地の拡大は，世界分割を生じさせ，最終的には第一次世界大戦の惨禍に至りました。
　このどちらも資本主義経済のありかたに警鐘をならすものでした。
　しかし，それに対する適切な対応ができないまま，人類は「20世紀の危機」へと突入していきました。

第 9 章
20世紀の危機

　18世紀以降の市民社会では，自由放任経済の下で資本主義経済が発展していきました。しかし19世紀の中頃になると，「資本の無限の増殖」は国内には貧富の格差，海外には植民地の拡大といった問題を発生させていきました。その結果，起きたのが社会主義国家ソビエトの成立であり，第一次世界大戦の惨禍でした。しかし，人類はたいした反省もないまま，さらに発展を続けていきます。石油の発見，株式会社の発展などに取り込み，さらに資本は成長を続けていきます。しかしそれがついに1929年の大恐慌という形で，世界中を大不況に陥れてしまいます。政治の方も同様です。「多くの人びとが参加する民主主義こそが正しい」という考え方のもとに拡大した選挙権は，ナチスという怪物を生み出してしまいました。

第 1 節　20世紀の諸相

（1）　石油の発見

　1891年，一人の男がペンシルバニアの片田舎で奇妙な機械を使って地面を掘っていました。村人たちは，どう考えても金も石炭もでてきそうにない地面の真ん中をただひたすら掘っている男を変人扱いして，みんなで笑っていました。しかし，男のドリルが地下20mに達したとき，なにやら真っ黒い水が噴き出したのです。男はその水を体中に浴びて大笑いを始めました，それを見た村人たちは意味が分からずに遠巻きにみていただけでした。しかし，この瞬間，人類はそれまでの数千年と全く違う20世紀という時代に足を踏み出したのです。男の名はエドウィン・ドレイク（1819-1881）。男が掘り出したのは石油でした。
　この石油というものは大変な力を持っていました。それはそれまでの燃料の

主流であった石炭とは比べ物にならないくらいの燃焼力を持っていました。それだけではありません。石油は精製すればガソリンにもなります。ガソリンは船や自動車を馬の何十倍という速さで走らせることができました。この変化はあっという間に世界中の物の流れを変化させてしまいました。

また石油は燃やせばものすごい勢いでタービンを回し，電気を生み出すことができます。この電気は夜を明るくしてくれました。人びとは夜でも働いたり，遊んだり，勉強できるようになり，人々の生活を変えていきました。

さらに石油は，肥料として使えば農業生産を何倍にも引き上げてくれました。いわゆる化学肥料です。この化学肥料によって農業生産は驚異的に拡大し，多くの人口を支えられるほど食料を増加させました。

そのうえ石油は新素材にもなりました。ナイロンやプラスチックなど加工しやすく腐らない物質が生み出したのです。ナイロンはそれを繊維にすれば服やシャツを安く生産することができました。それまでの繊維産業の中心だった綿もナイロンに変えられ始めました。

石油が変えたのはこのような経済的な事象だけではありません。人びとのライフスタイル，産業，政治，国家，戦争など，すべてを変えていきました。

人類は石油という途轍もない火力を有する物質を手にいれることで，19世紀までとは全く違う世界を作りだしたのです。それゆえ20世紀は石油によって生まれた時代という意味で"火の世紀"とよばれています。

（２） 株式会社の発展

20世紀に大きく発展したものとしては**株式会社**があげられます。株式会社の始まりは1602年のオランダ東インド会社でした。航海に出かける船は必ずしも無事に戻るとは限りません。個人で，船から船員から食料などを仕入れて，航海をするというのではあまりにもリスクが大きすぎます。そこでそのリスクを分散させるために株が考案されました。100人，200人と多くの人びとに出資してもらい，出資額に応じて株を配るという方法です。これでしたら船が沈んでも損をするのは出資した範囲ですみます。無事に航海から戻ってきたならば，

その持ち株に応じて利益を配分します。また一人当たりの出資額は少なくてすみますから、若い人びとや一般の人びとでも出資できました。そのためより広く、多くの資金を集めることが可能となりました。やがて、「一回ずつの航海での出資者の募集―分配」という方法よりもいっそ会社を作ってしまおう、ということになり、会社が設立されました。これが株式会社の始まりです。

　株式会社の設立は、もうひとつ大きなメリットがありました。それは**資本と経営の分離**です。産業革命の頃までは「資本家＝出資者＝経営者」という形で経営が行われていました。工場主は自分でお金を工面し、そのお金で工場を建て、経営を行っていました。しかし、必ずしも出資者が経営の才能に恵まれているとはかぎりません。逆に経営の才能に恵まれた人でもお金があるとはかぎりません。株式会という仕組みはこの問題も解決してくれました。「資本家＝出資者／経営者」というように、出資者と経営者を分離できるようになったのです。

　株式会社という制度は非常に画期的な発明といえます。

　株式制度がない場合を考えてみましょう。この場合、普通の人が自分の資産を保有する手段は、銀行に預けるという方法だけです。そして企業家が資金を調達するのも銀行に行ってお金を借りるという方法しかありません。この方法だとリスクは企業家と銀行だけが負うことになります。これは貸す方も借りる方も相当のリスクを覚悟して借金をしなければなりません。結果として使われないお金が銀行に眠ることになり、資源が無駄になってしまっています。

　しかし株式制度の場合はこうはなりません。企業家は株の公募を行い、出資者を募ります。一般の人も資産運用の一部として株の購入（出資）を行います。この場合、多くの資金が有望とされる産業に投入されることになります。しかもリスクは有限責任です。最悪の事態として株が紙同然の価格に下がっても損失はその範囲にとどまります。人びとは余裕資金を安心して株の購入に充てることができました。稀少である資源が有効に投資されることを意味しています。

　こうしてヨーロッパの産業は急速に発展していきます。新しい技術や機械の導入にはリスクと多額の資金が必要となりますが、株式制度はそれを可能とし

てくれました。19世紀の後半から20世紀にかけては巨大工場が次々と建設されていき，さらに生産も拡大していきました。

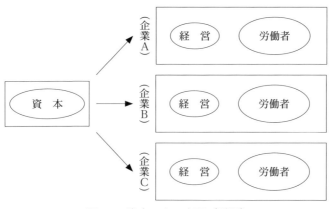

図9.1　資本による支配（財閥）

　もうひとつ株式制度の利用方法があります。それは**"資本による支配"**です。図9.1は財閥というものの構図を描いています。財閥とは一族ないしひとつの集団が多様な企業を支配していることをいいます。株初制度はこの仕組みを容易なものにしました。図9.1では一人の資本家が複数の企業に出資をしており，それによって3つの企業を支配しています。

　このよう株式制度は非常に自由な資本の動き，資本の利用を可能にした制度なのです。

（3）　労働組合の形成

　企業規模が大きくなればなるほど，労働者の立場は弱くなっていきます。従業員を何千人と抱えている大企業に対して一人で「給料を上げてください」と要求しても無理でしょう。全く相手にされないか，解雇されてしまいます。

　そこで，ひとつの企業で働く全労働者が団結をして**労働組合**を作ります。そして代表者を選出してその代表者と人事の代表が話し合うのです。労働者側は，

もし賃上げの要求が認められない場合にはストライキなどで対抗するという手段を用いて交渉を行うのです。

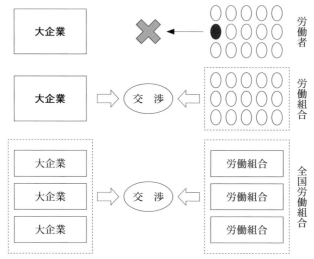

図9.2 労働組合の発展

国によってはこの労働組合は全国規模に広がりをみせるところもありました。1935年に設立された全米自動車労働組合などは最盛期には150万人以上の組合員をもっていました。

こうして労使の間で**労働協約**が締結されると、全国規模で一律の賃金となり、労使双方ともにそれに違反することは許されなくなりました。

第2節 アメリカの繁栄から大恐慌へ

「狂騒の20年」とは、第一次世界大戦後のアメリカの様相を示す言葉です。1920年代のアメリカは最も富める国になっていました。

第一次世界大戦はヨーロッパ諸国の工業に壊滅的な打撃を与えました。そして気づけばアメリカは世界最大の工業国となっていたのです。戦争が終わり、復興期を迎えたヨーロッパからはアメリカの企業に多くの受注がなされるよう

第9章　20世紀の危機

になってきました。

（1）　狂騒の20年代

これに対してアメリカの製造業はすでに大量生産体制を確立していました。自動車，映画，ラジオ，化学産業といった新しい分野が急成長していました。社会も大量消費社会に移行しつつありました。1927年にヘンリー・フォードがT型フォードを販売すると1,500万台もの売り上げを記録しました。1920年代には一般の人びとが車を所有できるというモータリゼーションが実現していたのです。それとともにガソリンスタンド，モーテルなどの新しい産業も生まれ，高速道路も建設されるようになりました。

ニューヨークやシカゴには摩天楼が建設されました。エンパイアステートビル（102階　383m），クライスラービル（72階　318m）などの高層ビルが立ち並び，アール・デコ風の現代建築が次々と建てられてました。

ラジオの普及とともにジャズも流行してきました。無声映画も出現し，チャップリンやミッキーマウスが登場したのもこの頃でした。

産業界の成長にあわせて株式市場も急成長していきました。1920年代にはウォール街は世界をリードする金融市場に成長しており，ニューヨーク証券取引所は世界で最大の株取引市場となっていました。工業輸出で儲かった資金や，建設業，自動車産業などあらゆる分野の好景気で資金的余裕を持った人びとが株式市場に投資をしていました。ジョセフ・P・ケネディ（ジョン・F・ケネディの父）は，靴磨きの少年が株式投資を勧めるのを聞いていち早く暴落を予想し，売り抜けたそうです。それほど多くの人びとが株式市場に投資していたのです。

（2）　1929年10月24日　暗黒の木曜日から大恐慌へ

しかし，このころから株式市場ではバブルの崩壊が迫っていました。すでに1920年代後半から工業部門でも農業部門でも供給過剰が起き始めていました。一方でヨーロッパは徐々に復興してきており，次第にアメリカからの輸出減少

しはじめていました。

　労働組合の成長も供給過剰の要因のひとつといわれています。企業は労働組合と労働協約を結びます。賃金をいくらにすると決めてしまいます。すると企業は，景気が悪化しても賃金は引き下げられません。労働組合との約束ですから賃金は一定です。そうなると企業としては人件費を減らすためには解雇という方法しかなくなってきます。このころから徐々に失業率が上昇してきました。解雇された労働者たちは消費を減らさざるをえません。これもまた消費需要を減らし，供給超過に陥らせる要因となってきました。

　1929年10月24日，突然株価が暴落し始めます。史上有名な「暗黒の木曜日」です。市場はこの日だけで140億ドルを失い，1週間の損失は3,000億ドルになりました。これは連邦政府の年間予算の10倍に相当します。この日の自殺者は10人を超えたそうです。

　この1929年の株価の大暴落を契機として世界は世界恐慌へと突入していきました。1930年のアメリカでは失業者数434万人。失業率は8.7％となりました。この間，大統領のフーバーは「不況は終わった」と叫び続けます。1932年になると失業者はさらに1,200万人に，失業率は24％に跳ね上がります。街には失業者があふれ，公園は浮浪者のテントで埋まってしまいました。

　1932年の総選挙でフーバー大統領は失脚します。かわって大統領に選ばれたのが**フランクリン・ルーズベルト**（1882-1945）でした。ルーズベルトは**ニューディール政策**とよばれる新しい経済に着手していきます。

　世界各国もこの影響は広がっていきます。

　イギリスでも1933年の失業率が21.3％に上昇します。ポンドの価値が下落していき，ついにはポンドと金の交換を停止され，金本位制度が崩壊してしまいます。当時のマクドナルド内閣は増えすぎた失業保険の削減を試み，緊縮財政をとりました。この政策はマクロ経済学からみれば全くの逆の政策でした。失業保険の削減は，人びとの消費需要の削減につながります。ますますモノが売れなくなりますので，さらに景気は悪化していきました。

　景気の悪化のおさまらないイギリスは，ついに**ブロック経済**を形成します。

これを通称スターリングブロックといいます。自国と植民地の間でのみ貿易を行い，他国に対しては高い関税を課して，輸入を阻止しようとする政策です。同様の状態にあったフランスもフラン・ブロックを形成します。自給自足が可能なアメリカも次第に市場を閉ざしていきました。こうして世界がバラバラになっていきました。貿易は縮小し，さらに経済は悪化していきました。

　その影響はもちろん日本にも及びました。「昭和恐慌」とよばれた大不況です。1930年には商品市場が大暴落を起こします。日本の主な生産物であった生糸，鉄鋼，農産物の価格が急落しました。ついで株式市場も暴落。街には失業者があふれました。国民所得は1929年の3分の2程度まで落ち込みます。そこにブロック経済によりイギリス・フランス市場への輸出も減少していきます。不景気により，世情は不安が増大しテロリズムや2.26事件などのクーデタまで起き始めました。このような閉塞した状態を打開しようと，日本は大陸への進出をはじめていきました。

● 第3節　第二次世界大戦への道 ●

（1）　ドイツの惨禍

　最も大きな影響を受けたのはドイツでした。第一次世界大戦においてドイツの戦死者数は200万人，オーストリア＝ハンガリー帝国でも110万人以上の戦死者を出していました。国内が戦場となったため民間人にも多大な被害が出ており，産業もすっかり荒廃しつくしていました。そこに1,320億マルクという途轍もない額の賠償金が請求されたのです。これはどう考えても払える額ではありません。すると1923年，フランスのポワンカレ内閣は「賠償金が支払えないのであれば，ここを差し押さえるから」とドイツ最大の工業地帯ルールを占領してしまいます。これに対してドイツの労働者がストライキを起こして抵抗したため，ドイツの工業生産は急減していきます。

　このような混乱のなかでドイツの通貨の価値が天文学的に下落していきます。どれくらい天文学的かというと，1914年時点での対ドル為替レートが1ドル＝4.2マルクであったものが，1923年11月には1ドル＝4兆2,000億マルクになっ

ています。「新聞紙を買いに行くのにリヤカーで紙幣を運ばねばならなかった」「子どもがブロックがわりに札束で遊んでいた」など，全くのカオス状態に陥りました。結局，「**レンテンマルク**」という1兆マルクで1レンテンマルクという紙幣を作るとともに，賠償金についても支払い可能な額に調整し，今後支払いを継続していくということに決まり（ドーズ案　1924），フランスもルールから撤兵し，一応の解決をみました。

　ルール占領問題が解決して以降，ドイツ経済は堅調に推移してきました。多くの外国資本がドイツ国内に工場を建て，設備投資を行いました。ドイツ人労働者の多くもこのような工場で仕事に従事していました。

　しかし大恐慌により，ドイツに投資していた外国資本が次々に本国に引き上げはじめました。多くの工場は閉鎖され，株が売られました。あっという間にドイツの景気は悪化し，1933年の失業率は26.3％に上昇します。

　その結果，ドイツは再び賠償金が支払えなくなります。支払いの一時的猶予を要求しましたがフランスが反対したため，ドイツは信用恐慌を引き起こします。このような世情不安を背景にナチス党が大きく躍進していきました。

　ドイツが賠償金を支払えないと，ヨーロッパのアメリカに対する債務も支払えなくなってしまいます。そうなるとアメリカにとっても大きな被害となると考えたフーバー大統領は1年間の支払いの猶予を決定します。これを**フーバーモラトリアム**といいます。しかし，賠償金の問題は第二次世界大戦後にまでもちこされます。（ドイツは2018年現在もこの賠償金を支払っています。すでに90％以上支払いが済んでおり，2020年には完済されるとのことです）

　その一方でブロック経済はドイツにも大きな影響を及ぼしました。イギリス，フランスの市場から追い出され，植民地を持たないドイツにはもはや商品を売る市場はありません。賠償金問題，株価暴落，失業率の増加はドイツ経済を混乱させるとともに，閉塞を打開してくれるカリスマ的人物を希求するようになっていきました。ドイツは少しづつファシズムへの道を歩き始めます。

（2） 大衆社会

　19世紀は「市民社会」とよばれました。市民とは"財産と教養を持つ人びと"のことをいいます。地元の名士とか大工場の社長とか大地主とかいった人びとです。このような人びとのなかからら議員が選出され，議会が構成され，政策が決定されました。その際，政治に参加する人びとはすべて政治・経済に関する知識を有しており，自らの知性により合理的に判断し，議案の決定にあたっては十分に議論がなされたうえで決定されるという形をとるものと想定されています。これが議会制民主主義の理想的な形でした。

　しかし，政治というものはより多くの人びとの意見が反映されるのが理想です。「一部の人びとだけが政治を決めていくのは民主的ではない。より多くの人びとも政治に参加させるべきだ」という考え方から，19世紀を通じて選挙権を付与される条件が引き下げられ，多くの人びとが政治に選挙権を持てるようになってきました。

　その理想が実現されたのがワイマール共和国です。ワイマール共和国は，第一次世界大戦後におきたドイツ革命（1918）によって設立された国です。帝政であったドイツの政治制度を根幹から改革し，自由主義的・民主主義的な国家を作ることを国是としていました。このワイマール共和国で世界初の普通選挙が実現しました。1918年の選挙法改正により，満20歳以上の男女による財産制限のない選挙が実施されたのです。

　誰もが選挙に参加できる理想的な民主主義が実現しました。「きっと，素晴らしい政治が行われるはずだ」とみんなが考えました。しかし，そこから生まれたのは，国家社会主義ドイツ労働者党，通称ナチスであり，**ヒトラー**だったのです。

　政治学では，"市民"に対立する概念として**"大衆"**という言葉が用いられます。定義としては，ひどい言い方になってしまうのですが，「財産と教養を持った市民」に対して「財産も教養も持たない人びと」となっています。当時，大衆の多くは工業労働者か農業従事者でした。彼らのほとんどは大学などに行ってはいません。おそらく初等教育を卒業してすぐに働き始めた人びとです。

そのような"大衆"が圧倒的多数を占めて政治に参加してきたのです。

　他の時代だったらよかったかもしれません。しかし，時代は大変な激動期でした。そんななかで"教養のない大衆"が合理的判断を下していくのは困難です。目まぐるしく変わる世界情勢，複雑な経済の仕組み等々，理解するだけでも大変で，それをみんなで議論し，政策にまで昇華させていくなどというのはもはや全く不可能といえましょう。

　だとすれば大衆は何によって政治を決めるのでしょうか？　答えは"イメージと雰囲気"です。合理性や理性によっては判断することが不可能なのですから，その場の雰囲気や印象，空気といったもので判断せざるをえません。大衆社会における政治が，扇動されやすいのはこのような理由によるものです。

　ヒトラーはこの大衆社会の弱点を見つけて利用した歴史上はじめての人物でした。ヒトラーは演説の才能と大衆の心を巧みにつかむ能力を持っていました。

　ヒトラーが演説するときはほとんど夜でした。ステージの後ろにはハーケンクロイツの旗を掲げ，両脇にはかがり火がたかれます。そのなかで扇動的な口調で訴えます。「われわれは奴らによって滅ぼされようとしている」「奴らはわれわれの権利を奪い，すべてを奪い…」といった口調で，誰だかわからな抽象的な敵に対して怒りを掻き立てます。そして最後に「奴らとはユダヤ人である！」と叫びます。理性も，合理性もなく，論理的に破綻していても，失業したり，解雇されたりした人びとは，怒りの矛先を具体的な対象に向けられれば，「そうか！」と納得してしまいます。理性ではなく感情で納得するのです。

　こうしてヒトラーは正当な選挙によって政権を獲得していきました。このことは民主主義というもののなかに非常に危険なものがあることを示しています。

　こうしてヒトラーが政権を掌握し，世界は第二次世界大戦へと向かっていったのです。

（3）　20世紀の危機

　かくして第二次世界大戦が勃発します。ヨーロッパはここで2つの大きな問題と不安にぶつかります。

第9章　20世紀の危機

　ひとつは大衆社会の問題です。そのころの世界は単純に「国民全員が政治に参加するのはいいことだ。民主主義が拡大するのはいいことだ」と素直に信じていました。しかし，その結果は「ナチスドイツの台頭」という想定外の結果を招きました。大衆が政治の主役である普通選挙において，人びとは容易に扇動されてしまうという民主主義の大きな欠点が露呈してしまったのです。もはや手放しに「民主主義こそが正しい」とはいえなくなってきたのです。

　同時に，資本主義経済についても疑問が投げかけられました。

　前章でみたように資本主義経済のもとでは貧富に格差は拡大していきました。市場経済が，市場における競争を前提として成り立っている以上，ある程度はやむをえないところではります。しかし過度の貧富の格差は共産主義思想を生み，それがソビエト連邦という社会主義国を生み出すことになりました。

　さらに行き過ぎた競争は，アジア・アフリカ諸国を植民地とし，世界中を分割していきました。それが第一次世界大戦という結果を招きました。

　そして市場の不安定性の問題です。株式市場の大暴落とそれに続く大恐慌は市場の持つ不安定性と存続の可能性に不安を持たせるものとなりました。

　市場経済の不安定性，植民地問題，貧富の差の拡大，大衆社会等々，資本主義経済と民主主義に対して出された課題，これらを**「20世紀の危機」**とよびます。

第10章
ケインズ型マクロ経済政策の登場

　20世紀の人類は巨大な経済力を手に入れました。それは世界の姿も変えてしまうほどの大きな力です。人類は，18世紀の自由主義の時代のように無邪気に自由を称賛するには危険すぎるほどの力を手に入れてしまったのです。もはやその強大な経済力を"神の見えざる手"に委ねるような無責任はゆるされません。自分たち自身の"人間の手"で巨大になりすぎた経済をコントロールしていかなくてはならなくなったのです。

　しかし，そのノウハウはまだ存在していませんでした。長年自由放任主義を続けてきたので，経済をコントロールする方法論がなかったのです。

　その要請に応えたのがジョン・メイナード・ケインズの著した『雇用・利子および貨幣に関する一般理論』でした。政府が総需要をコントロールすることにより，経済の安定化を実現する方法論が示されたのです。ここからマクロ経済学が始まります。その後1950年代から1960年代にかけて，このマクロ経済政策が各国で実施され，研究されていきました。

　本章では，そのケインズ型マクロ経済政策の骨子をみていきたいと思います。

第1節　経済の大きさを決めるのは総需要か総供給か

（1）「供給はそれみずからの需要を生み出す」

　「経済の大きさを決めるものはなにか」という問題から考えてみていこうと思います。**ジャン・バティスト・セイ**（1767-1832）は，「供給である」として「供給はそれみずからの需要を生み出す」と主張しました。これを**セイの法則**といいます。

　この法則を理解するには，セイの生きた時代を考えてみる必要があります。

第10章　ケインズ型マクロ経済政策の登場

　セイの生きた時代はちょうどフランス革命の時期，1800年代の初期にあたります。イギリスでは第一次産業革命が進行中というところですが，まだ石油も電気もない時代です。もちろん20世紀の大量生産工業化社会など影も形もありません。それゆえ生産能力というものはそれほどでもありませんでした。

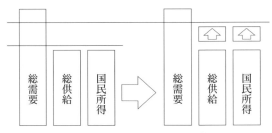

図10.1　19世紀以前の経済

　供給と比較すると需要の方はかなりありました。まだ（20世紀と比べて）貧しかった時代ですから，服，食事，日常に必要なもの全般に，すべての国民にいきわたっているとはいえません。人びとは購入できるのであればいくらでも購入したいと思っていました。

　このような前提で考えてみると，経済の大きさを決めるのは**総供給**ということになります。モノを生産して売れば，それだけお金が手に入ります，お金が手に入るということは，それだけモノが買えるようになりますから，生産したものと同じ額の需要が発生することになります。こうして「総供給（生産したものすべて）＝総需要」となります。

　この考え方の根本には「あらゆる経済活動は最終的には物々交換であり，貨幣はその媒介にすぎない。もし財の需給関係に過不足があれば，価格調整メカニズムを通じて需給が調整されるはずである」という自由主義経済的な思想がありました。もし経済に何らかの問題（食糧不足や失業等）があったとしても，最終的には市場が価格調整メカニズムを通じて問題を解決するはずである。それゆえ政府は市場に関与することは最小限にすべきであるという自由放任主義経済の結論にいたります。

第3部　資本主義の成立と課題

（2）　自由放任主義経済における雇用調整モデル

自由放任主義下での賃金による雇用調整を理論的に示したものが図10.2です。

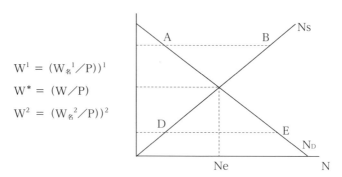

$W^1 = (W_名^1/P))^1$
$W^* = (W/P)$
$W^2 = (W_名^2/P))^2$

図10.2　自由放任主義経済における雇用調整モデル

図10.2のN_Sは労働の供給曲線を表わし、N_Dは労働の需要曲線を表わしています。ここで労働の需要曲線とは雇用者側の気持ちを意味し、「賃金が高ければ少ししか雇用しない」「賃金が高ければたくさん雇用する」という関係を表わしています。また労働の供給曲線とは労働者の気持ちを意味し、「賃金が高ければたくさん働きたい」「賃金が低いと働きたくない」という関係を表わしています。この需給が一致したところで賃金と雇用が決まります。

賃金についてですが、$W_名$は名目賃金を表わします。Pは物価水準を表わします。そして（$W_名$／P）は名目賃金を物価で割ったものであり、実質賃金（W^*、W^1、W^2）を表わします。もし名目賃金が1,000円であり、物価水準Pが1の時なら（1000／1）で、実質賃金は1,000円になりますが、物価水準Pが倍の2になったとしたら実質賃金は（1000／2）で500円になります。

いま仮に名目賃金が$W_名^1$であったとします。これを物価水準で除した実質賃金W^1は均衡水準W^*よりも高くなります。この場合、労働の供給曲線にしたがってBまで労働供給が行われます。しかし実質賃金が高いので企業はAまでしか雇用しません。その結果、労働市場は超過供給となり、名目賃金$W_名^1$は低下していきます。労働の需要は増加し、労働の供給は減少していき、最終的に

は名目賃金はWにいたり，実質賃金はW*，雇用はNeになります。

逆に名目賃金が$W_名^2$で，実質賃金が均衡水準W*よりも低かったとします。この場合，労働の供給はDまでしか行われず，労働の需要がEまで行われます。労働市場では超過需要となりますから名目賃金が$W_名^2$は上昇を始めます。その過程で労働の需要は減少し，労働の供給は増加します。最終的にはやはり名目賃金はWに，実質賃金はWe*にいたり，雇用はNeとなります。

このように古典派の自由放任主義は「市場メカニズムが有効に働き，名目賃金が伸縮することで雇用が調整される。その結果"失業は起きない"」という結論を導きだします。

実質賃金が高い場合であろうと低い場合であろうと，名目賃金が伸縮し，最終的にはどちらの場合も雇用はNeになります。この雇用量では失業が起きていません。つまり，理論上は失業など存在しないのです。失業者がいるとしたら自ら好き好んで仕事をしない自発的失業者だけということになります。

このように，古典派経済学においては，
①市場メカニズムが十分に機能する。
②よって失業は生じない。失業者を救う必要もない。
③だから政府はできるだけ市場に関与してはならない。
と考えていました。

第2節　ケインズ経済学の登場

ジョン・メイナード・ケインズ（1883-1946）はケンブリッジ大学の経済学者で，マーシャルの弟子にあたります。ケインズは大学卒業後，国家試験に合格し，インド省に入省したり，大蔵省で働いたりと官僚として働いた経験を持っています。そのケインズが著した『**雇用・利子および貨幣に関する一般理論**』（1936）は，戦後のマクロ経済学の始まりとなりました。ケインズは「経済の大きさを決めるのは需要である」という有効需要の原理を主張し，有効需要が不足することによって失業が生じること，そしてそのためには総需要管理政策が必要であると論じました。これらの主張は**ケインズ革命**とよばれました。以

下ケインズの総需要管理政策についてみていきます。

（1）非自発的失業の発生

ケインズは「労働者は名目賃金が現行の水準以下に下がることを受け入れない」という賃金硬直モデルを想定します。これを名目賃金の**下方硬直性**といいます。

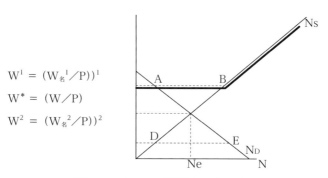

図10.3　ケインズ型賃金硬直モデル

いま名目賃金が$W_名^1$であったとします。このとき実質賃金がW^1であり、労働供給がBまで。労働需要がAまで行われます。するとA－Bだけの労働の超過供給が生じ、名目賃金$W_名^1$が下がるはずです。市場メカニズムを信奉する古典派経済学ではそうなりました。

しかし、20世紀になるとそのような市場メカニズムが働くのは難しくなってしまいました。なぜなら、労働組合と大企業の間には労働協約が結ばれているからです。労働者と大企業の間には「賃金は〇〇ドル」と約束で決められています。それは労働市場の需給とは関係なく決められた約束です。ですから企業が勝手に名目賃金を引き下げることなどできないのです。そのため賃金は調整されません。A－Bの失業は放置されます。もちろん賃金を引き下げればより多くの労働者を雇用して失業を減らせるかもしれませんが、現在雇用されている労働者は絶対に賃金引き下げには応じません。

こうして市場メカニズムによる雇用調整は行われずにA－Bだけの失業が発生したままになってしまいます。このように，労働者がのぞまないで失業状態にあることを**非自発的失業**といいます。

市場メカニズムが働かない以上，誰かが何とかしなければいけません。ここにケインズ経済学によるマクロ経済政策が開始されることになります。

（2） 総需要管理政策の登場

ケインズ型のマクロ経済政策は「経済の大きさを決めるものは**総需要**である」という前提からスタートします。

20世紀の科学の発展，石油の発見，大工場の登場などはそれまでとは全く異なる世界を生み出しました。そして著しい生産力の拡大を実現しました。

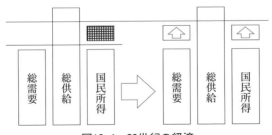

図10.4　20世紀の経済

すると図10.4のようなイメージになります。供給能力はいくらでもあります。しかしそれに見合った総需要が起きてこないのです。

たとえば，今，斜線の四角の部分だけ国民所得が足りずに失業が起きているとしましょう。その原因は総需要不足です。総需要がなくモノが売れないから，供給が行われません。供給が行われないので仕事がなく，その分が失業となってしまっています。それゆえ対策は総需要を増やすことが必要とされます。ここに**総需要管理政策**というケインズ政策が登場することになります。

（3） ケインズ型総需要管理政策の内容

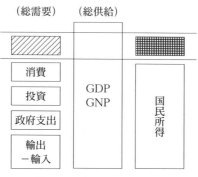

図10.5　総需要管理政策

　総需要を分解すると図10.5のように消費，投資，政府支出，輸出－輸入から成り立っています。

　総需要を増やせばいいのですから，政府は，消費，投資，政府支出を増やす政策を実施する必要があります。ただ輸出－輸入については対象外となります。輸出は他国の人がモノを買うかどうか決めることで生じる需要だからです。

① 公共投資拡大政策

　まず最も簡単なものが，政府支出を拡大することです。空港や港，道路，公園などの人びとに役立つような公共事業への投資を拡大することです。

　たとえば，政府が100億円で橋を作ることを議会で決定したとします。入札が行われ，A工業が橋建設を請け負うことが決まりました。100億円の総需要の増加です。しかし話はこれでは終わりません。橋が完成した際に，政府は橋の建築に当たってくれた企業に100億円の支払いを行います。もちろんA工業は，この橋の建築のために働いてくれた従業員やスタッフ，その他にも給料等として分配します。次にこの100億円をもらった人たちが，給料の8割くらい，総額では80億円を消費にまわしましたとします。そのお金でパソコンを買う人もいれば，車を買う人もいます。とにかく消費として80億円を使いました。これ

は社会全体でみれば80億円の総需要の増加を意味します。それに対応して総供給80億円が増加します。パソコンを売る店の売上げが上がり，車を売る店の売上げが上がりました。これはパソコンを売る店の人の所得や車を売る店の人の所得の増加を意味します。社会全体では80億円の所得の増加です。今度は，このパソコンを売っている店の人が国内旅行に行き，服を売っている店の人等がフランス料理を食べて，全体で64億円の消費の増加で…と続いていきます。これを**乗数効果**といいます。今の例で分かるように，政府からの100億円の公共投資は100億円の所得の増加では終わらないのです。次の段階で消費の増加を生み，最終的には100億円の何倍もの需要の増加を生み出すので。このように**公共投資拡大政策**は非常に強力な需要創出効果を持つ政策です。

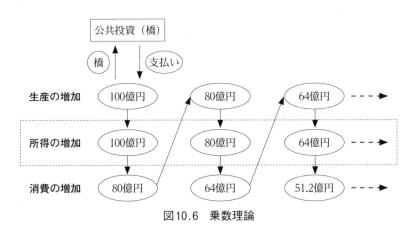

図10.6　乗数理論

② 減税政策

今度は消費需要を増やす方法を考えてみましょう。

消費は公共投資拡大政策と違って，いくら政府が「消費を増やしましょう！」といっても増えるものではありません。消費をするかどうかを決めるのは消費者です。いくら政府が「消費を増やしなさい！　もっと何かを買いなさい！」と言ったって，こちらにも都合があります。必要のないものは買えないのです。

ではどうすればいいか。減税をしてあげればいいのです。消費者は，普通，

仕事をして給料をもらって暮らしています。しかし給料が20万円だからといって20万円すべてを使うわけにはいきません。そこから所得税だの地方税だのをとられてしまい、手元には15万円くらいしか残りません。われわれ消費者はこの税引き後の手取りの所得で日々の暮らしをやりくりしているわけです。

　ここで減税を行ったとします。5万円を税金としてとられるところを3万円しかとられなければ、2万円ほど所得が増えたことになります。消費者はこの2万円分だけ、何かを食べたり、何かを買ったりするでしょう。その結果消費需要が増えることになります。この減税政策も①の公共投資拡大政策同様に乗数効果を発揮し、減税した分の何倍もの所得の増加を生み出します。

　公共投資拡大政策も**減税政策**もいずれも予算に関わるものであり、議会の承認を必要とする政策です。それゆえ**財政政策**とよばれます。

③　民間投資拡大政策

　ケインズは金融政策についてはあまり言及していませんでした。ただ、後に総需要管理政策のひとつとして金融面からのアプローチがとりいれられました。

　民間投資もいくら政府が「増やしなさい、投資しなさい」と命令しても増えるものではありません。企業は利潤を考えて設備投資をしているからです。

　民間企業の投資需要を増やすには利子率（金利）を引き下げる必要があります。利子率が下がれば、それだけお金が借りやすくなります。お金が借りやすくなれば、それだけ民間企業は投資を増やすはずです。

　しかし、利子率は政府が決められるものではありません。貨幣市場というものがあり、そこで決まるものです。"お金を借りたい"という貨幣需要と"お金を貸したい"という貨幣供給の需給関係できまります。

　貨幣需要の方は、民間企業が決めることですからこちらについては何もできません。しかし、貨幣供給のほうは中央銀行が管理しています。ならばこの貨幣供給を増やせば、利子率は下がってくるはずです。つまり中央銀行が何らかの方法で貨幣供給を増やせばいいわけです。この政策は金融にかかわる政策であり、その実施主体が中央銀行であることから、**金融政策**とよばれています。

第3節 ニューディール政策とマクロ経済政策の始まり

（1） ニューディール政策

ニューディール政策はルーズベルト大統領により，世界恐慌の対策として実施された経済政策でした。

それまでのアメリカ政府は，古典派経済学の伝統にのっとって経済には不介入の姿勢を維持してきました。フーバー大統領も具体的な政策は何も実施していません。しかしルーズベルトが大統領になると，次々と経済政策を実施し，それまでの政府の姿勢を一変させ，政府による積極的介入を進めはじめました。

その主な公共事業としては

TVA（テネシー川流域開発公社）の設立
CCC（民間資源保存局）による大規模雇用
NIRA（全国産業復興法）
AAA（全国農業調整法）

といったものがあります。

よく，「ニューディール政策はケインズ政策を取り入れたものである」といわれますが，ニューディール政策が実施されたのが1933年であり，「雇用・利子および貨幣に関する一般理論」が出版されたのが1936年です。

また「総需要管理政策がアメリカだけで行われた」とみるのも誤りです。実は日本では高橋是清が自局匡救事業（1932-1934）として各地で土木事業を展開していますし，ナチスドイツのヒトラーもアウトバーンの建設やオリンピックの誘致，果ては結婚資金貸付法などかなりきめの細かい経済政策を実施していました。

（2） マクロ経済政策の開始

ニューディール政策についてみると，実は，その効果があったかどうか議論の分かれるところです。といいますのは，その成果が出る前に第二次世界大戦が始まってしまったからです。戦争ほど総需要が増えるものはありません。気

づけば，軍需産業だけでなくすべての工場がフル操業を開始し，巨大な雇用を生み出していました。ですからニューディール政策の効果についてはいまだに意見の分かれるところです。

しかし，政府が経済に積極的に介入していくという方向とそのための手法を示したことは非常に大きな出来事といえました。

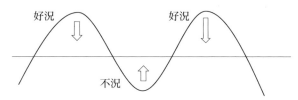

図10.7　景気変動の調整

資本主義経済は図のように好況・不況を繰り返して進んでいきます。

総需要管理政策によって，この好不況の振幅を全くなくすとまではいかなくても，安定したものとすることができるようになったのです。

前章でみた「20世紀の危機」のひとつ，「市場経済の不安定性」はこれによって解決が可能となります。

このようにして，経済は，従来の自由放任主義経済から，政府が管理・コントロールしていく時代になってきたのです。

第4部　日本経済の盛衰と課題

第11章　戦後日本経済の物語　その1
第12章　戦後日本経済の物語　その2
第13章　日本の財政と高齢化問題

　第4部では日本経済の栄枯盛衰についてみていきたいと思います。
　1945年に日本は太平洋戦争に敗れました，国内の工場は壊滅，農業も働き手を失って荒廃し，もはやその存続すら危うい状態でした。私の祖父は「終戦の日に上野の山に行ったら，東京湾がきれいに光って見えた」と話していました。西郷さんの銅像の立つ上野の山は標高たった24mにすぎません。そんな低いところから東京湾が見えたということは，東京中が焼け野原になってしまっており，遮るものが何もなかったからでした。日本はそのようなところからスタートしたのです。
　その後，日本は，戦後の混乱期，高度成長期とアジアの奇跡とよばれるような急成長を続けていきます。しかし1970年代にはいるとオイルショック，ニクソンショックと2つの危機に直面します。日本はその課題を産業の構造転換を実現することで見事に乗り切り，さらに1980年代の繁栄を実現したのです。第11章ででは，なぜそのような発展が可能であったのかを探っていきたいと思います。
　その後，「新しい時代の前には暴・落がある」の言葉通り，IT革命・グローバリゼーションが世界的に普及する寸前の1990年代にバブル経済が崩壊します。その後，日本は「失われた20年」という低迷した時代を過ごすことになりました。なぜ日本はそのような大切な時期にバブル経済で踊っていたのでしょうか。第12章でではその仕組みをみていきたいと思います。
　そして第13章においては，現代の日本にとって大きな課題となっている高齢化と財政赤字を取り上げ，その問題点を考察していこうと思います。

第11章
戦後日本経済の物語　その1

　20世紀の人類は強大な経済力を手に入れました。もはやそれを「自由放任」状態にしておくことは，人類の存亡にかかわります。その経済を管理する方法として登場してきたのがケインズ政策でした。

　しかし，「経済を管理する」ということでみるならば，もっと成功した国がありました。我が国，日本です。戦後の日本は他国に類をみないほど官民が足並みをそろえて経済発展に取り組み，「アジアの奇跡」とよばれるほどの繁栄を築きあげました。政府の指導の下に一糸乱れぬ動きをみせる日本の産業構造は「日本型社会主義モデル」「輸送船団方式」などとよばれるほどでした。

　戦後の日本経済のイメージを図にすると以下のようになります（図11.1）。

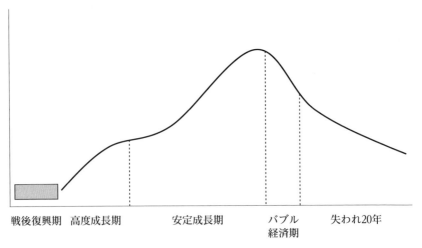

図11.1　計画経済（例　ソ連　中国）

第11章　戦後日本経済の物語　その1

　戦後の日本経済は5期にわかれます。敗戦後の混乱から現代の日本の基礎を形成した戦後復興期，ただひたすらわき目もふらずに経済成長を実現してきた高度成長期，石油ショック，ニクソンショックという大きな転換期を自らの産業構造を改革することで見事に乗り切った安定成長期，そしてバブル経済とその後の失われた20年です。
　本章と次章では，この日本経済の栄枯盛衰についてみていこうと思います。

第1節　戦後復興期

（1）　戦後の混乱
　太平洋戦争による被害は甚大でした。のべ1,000万人の兵士が戦争に参加し，そのうち200万人が戦死，非戦闘員を含めると300万人もの人命が失われました。これは2世帯に一人が戦争にいき，5世帯に一人が肉親を失うという割合になります。全国190都市は爆撃を受け，約900万人が家を失っていました。工場はほぼすべて焼失，工業生産力は限りなくゼロに近く，働き手を戦争にとられた農地は荒れ放題，そこに満州，朝鮮から700万人もの人びとが命からがら引き揚げてきたわけですから，本気で「一千万人餓死説」が心配されていました。今ではGNP第3位（一時期はGNP第2位）の経済大国になった日本ですが，戦後の出発点は，その存続すら危ぶまれるような壊滅状態だったのです。

（2）　戦後の民主化と経済の基盤整備
　戦後の日本は1945年から1953年までの期間GHQ（連合軍最高司令官総司令部）の管理下に置かれました。このGHQが目指したものは，対戦国への復讐でもなければ，第一次世界大戦で連合国がドイツにしたような二度と立ち直れないほどの賠償金をとるというものでもありませんでした。
　GHQが目指したのはひたすら日本の民主化でした。

① 財閥解体
　ミズーリ号上で降伏文章に調印したのが1945年9月2日。それからたった2

か月後の11月6日にGHQから**財閥解体**指令が送られてきました。

　当時の日本には三井，三菱，安田，住友の四財閥以外にも浅野，古河，中島などの中小の財閥が存在していました。GHQはこれらの財閥に対し「財閥は日本軍国主義を制度的に支援した者」「財閥は日本最大の戦争潜在力である」として，その解体を指示してきたのです。83社がその対象とされ，株式所有と役員兼任による子会社・孫会社の支配を禁じるとともに，「独占禁止法」(1947年4月公布)，「過度経済力集中排除法」(1947年12月公布)等の法律が制定され，経済力の集中は徹底的に排除されました。

　しかし，その後の米ソ冷戦の進行は，日本に早急な経済的自立を促すことが求められ，集積排除が緩和されました。その結果，ファミリーコンチェルンが消滅しましたが，財閥系の銀行を中心とした新たな企業集団が**系列**という形で再構築することになりました。

② 農地改革

　次に行われたのが**農地改革**した。1946年から1949年にかけて行われた，旧来の地主的土地所有がほとんど一掃されることになった大改革でした。

　そもそも地主制とは，田畑などを所有する地主が，小作人とよばれる土地を持たない農民に農地を貸し出して耕作させ，米や麦などの生産物を小作料と称して地代として納めさせる制度をいいます。この地主制度は，一般に小作料が非常に高く，地主と小作人の間に大きな貧富の差ができてしまいます。また小作人は地主に従属せざるをえず，日本の民主化にとって大きな障害となるというのがGHQの認識でした。

　農地改革は徹底的に行われました。日本側のイニシアティブで進められた第一次農地改革(1945年11月)はGHQより不十分であると判断され，第二次農地改革(1946年10月)が徹底して行われました。1949年9月には小作地の81％が小作農に開放され，日本の農家の大部分が自作農となりました。

③ 労働の民主化

戦前の日本では労働者の団結や争議行為は，治安維持法（1925年制定），治安警察法（1900年制定）等により禁止されていました。これは労働運動が共産主義思想の普及と結びついて考えられていたためです。そのため戦前においては，資本者側と労働者側との分配に大きな隔たりがおきていました。GHQ はこのような状況は民主的ではないとして改革を指示してきたのです。

その結果生まれたのが，**労働組合法**（1945），**労働関係調整法**（1946），**労働基準法**（1947）の**労働三法**でした。

この三法により，労働者の権利が保護され，解雇が制限されるようになりました。その後，終身雇用・年功序列という日本型の雇用が形成されることになります。

④ 傾斜生産方式

GHQ の指示の下，民主化が進められていきました。しかし日本経済はいまだ混乱の最中にありました。工業生産は低迷を続け，生産の減少はとてつもないインフレを引き起こしていました。日本経済の破綻が目前に迫っていました。

この危機の打開策として実施されたのが**傾斜生産方式**です。当時の生産拡大の最大のネックは石炭供給の不足でした。産業を活性化しようにも燃料がなければどうにもなりません。生産を拡大するには何よりも石炭の増産をはからねばなりません。しかしその石炭を増産するには鉄が不足していました。そこで政府は「すべての生産物資を優先的に石炭と鉄鋼の増産に集中する」という決断をします。生産を石炭と鉄鋼に"傾斜"させたのです。

当時の日本は餓死者まで出ている混乱期です。鉄も石炭も人々の生活には貴重な物資でした。人々は鍋も釜ももっていませんし，暖をとるための石炭もありません。それを取り上げられてしまえばさらに国民の暮らしが苦しくなることは明らかです。しかし，その資源を鍋や釜といった消費財に使ってしまえば，そこで終わりです。日本の工業化，復興は不可能になります。当時の政府は苦渋の決断をしなければなりませんでした。

当時の人びとの大変な苦労の上に工業生産の基盤が整えられていきました。日本は傾斜生産方式によって基幹産業再建の糸口をつかむことができたのです。

しかしそのために費用は**復興資金金融債**（復興債）という国債の発行によって賄わなくてはなりませんでした。増税など当時の人々の経済状態では到底不可能でしたし、公債を買うほどの余裕もありません。結局、この公債は日銀が受けざるをえませんでした。しかし、公債の中央銀行引き受けはマネーサプライを増加させます。生産の十分な増加を伴わない状態でのマネーサプライの増加はさらなるインフレを引き起こし、さらに経済を混乱させていきました。

⑤ ドッジ・ライン

米ソが冷戦の様相を呈し、中国大陸で共産党が国民党を圧迫しつつあるなかで、アメリカの対日方針も、日本経済を速やかに回復させ、頼みがいのある友邦国にするという方向に変わってきました。そのためにとどまるところを知らない日本のインフレへの厳しい対応が求められていました。そこで起用されたのがデトロイト銀行頭取のジョセフ・ドッジ（1890-1964）でした。

ドッジはインフレ抑制のためには財政・金融の引き締めが不可欠であると考えました。「日本の経済は両足を地に着けずに竹馬に乗っているようなものだ。竹馬の片足は米国の援助、もう一方は国内の補助金である。竹馬の足が高すぎて転んで首を追ってしまう。」という「竹馬経済論」を主張しました。

ドッジは竹馬の足を切るべく1949年の予算で超均衡予算主義を実現させました。一般会計のみならず、特別会計、政府関係機関予算などすべての予算の収支を均衡させるという厳密なもので、価格差補給金などの「みえない補助金」もすべて打ち切り、復興債の新規発行も停止させました。これを**ドッジ・ライン**とよびます。これにより、さすがのインフレも収束に向かいますが、逆に日本経済は一挙にデフレに向かい**安定恐慌**に陥ることになりました。

⑥ シャウプ勧告

最後は税金です。すさまじいインフレは日本の税制の基盤すら失わせるほど

の混乱となっていました。そこで GHQ はコロンビア大学の経済学者カール・シャウプ（1902-2000）を団長とするシャウプ使節団を日本に派遣しました。

シャウプは「世界で最もすぐれた税制を日本で実現する」との意気に燃えて来日し，1949年と1950年にそれぞれ報告書を提出しました。これが有名な**シャウプ勧告**です。シャウプ勧告は，所得税を中心とした累進課税体系の確立と地方自治の強化を主眼とするもので，戦後日本の税制の骨格となりました。

（3） 戦後の日本経済の土台

現在でも世界中には地主やら大富豪は普通に存在します。自分の敷地が日本の県ぐらいの大きさで，その中に町や村がある大地主もいますし，いくつも大企業やら油田やらを所有している大富豪も存在しています。当然，国内には貧富の差は歴然と存在していますし，同じ国民であっても従属関係が成り立ったりもしています。このような仕組みは是正されるべきでしょうが，そもそもその国の政治家や議員が大地主や財閥の出身者ですので，自分たちの利益を損なうような決定をするはずはありません。

ところが，日本は戦争で何もかも吹き飛んでしまいました。とても悲惨な状態でしたが，おかげで戦後は白紙の状態からスタートすることができました。

GHQ もシャウプもドッジも復讐等は一切考えずに，自分たちの理想とする社会を日本に生み出そうと真摯に尽力してくれました。政治家も官僚も日本の再建という大目標に向かって頑張ってきました。そのおかげで，現代の日本には自分の敷地内に町を持つような大地主など存在しません。大会社の社長が社員食堂の同じテーブルで食べるのが普通の社会が作られたのです。

農地解放は，地主の人々には非常に気の毒ではありましたが，おかげで多くの日本人が自分の資産を持つことができるようになりました。そして資産を持った親は子供たちに教育を受けさせることができました。かくして日本には，しっかりとした教育を受け，ある程度の資産と教養を持った労働者を大量に生み出すことが可能となりました。戦後の日本の発展の要因のひとつにこのような生産性の高い労働者の存在にありました。

第4部　日本経済の盛衰と課題

　財閥解体は，一族の支配から企業を解放しました。やはり一族の支配というのはさまざまな弊害がありました。一族の支配から解放された企業は純粋に効率的な経営に集中することができました。それも全くのバラバラという存在ではなく，互いの企業がその足りない部分を補いあい，協力をできるような緩いつながりを作ることができました。

　最後に，傾斜生産方式のような政策は，政府による産業界の統制の始まりともいえます。このような政府の統制の下に各系列企業が図のようにまとまり，日本独自の護送船団方式，日本型社会主義モデルを形成していくことになります。

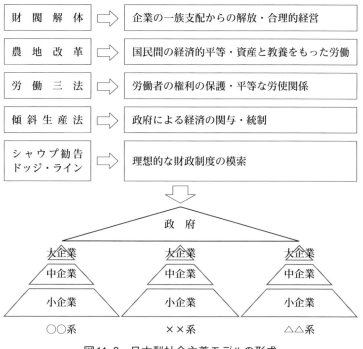

図11.2　日本型社会主義モデルの形成

第11章　戦後日本経済の物語　その1

第2節　日本型社会主義モデル

(1)　護送船団方式

市場経済モデルでは，「各経済主体が生産活動を行い，市場で競争を行う。その結果，社会全体では資源の最適配分が実現される」という話でした。しかし，最適に配分されるだけの資源がなかったとしたらどうしたらいいのでしょうか。インフレ，不況，インフレと不安定から不安定に揺れ動く戦後の日本経済では，そもそも競争も市場メカニズムも実現が困難でした。問題は資源の最適配分ではなく，「その配分できるモノを作りだすこと」ないし「作り出せる体制を育て上げる」ことでした。そこに政府による強力な指導が必要とされたのです。

この課題に対して日本の政府がとった政策は"競争させない"という奇妙なものでした。それが**護送船団方式**とよばれる独自の方法でした

ある財の市場にAからDまでの4つの企業があったとします。それぞれの企業は図11.3のような金額で販売が可能です。もし市場経済モデルに任せたな

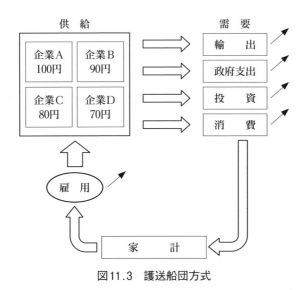

図11.3　護送船団方式

らば，生き残るのは企業Dだけです。市場のルールによってAもBもCも市場から消えていきます。

　しかし，日本政府は各企業に対して"指導"を行います。すなわち「いいですか～，100円で販売してくださいね～。だめですよ～勝手に70円とかで販売したら～」というものでした。

　こういった統制や指導は主に大企業に対して行われましたが，その大企業の下には無数の中企業，小企業が系列別に並んでいます。結果として，上から下まですべての企業が政府の指導に従う形になります。このような全体として統制のとれた動きが，第一次世界大戦のときにドイツのUボートから輸送船を守った護送船団に似ているというので護送船団方式とよばれました。

（2）　終身雇用・年功序列

　市場で競争が行われないので，企業は倒産しません。市場からの撤退もありません。そのおかげで雇用は安定的に増加していきました。

　そしてこれらの企業の内部でも独特の雇用構造ができあがってきました。**終身雇用・年功序列**です。終身雇用とは一度その会社に勤めたならばよほどのことがない限り転職はせず，定年まで勤務するというものです。年功序列の方は，社員の賃金や昇格は，成果でもなければ意欲でもなく，ただその会社で何年働いたかによって決定されるというものでした。

　一度その会社に就職してしまえば，それでほとんどその人の人生が決まります。だいたい何年ぐらいで課長になり，何年くらいで部長になって，その時の給料はいくらくらいで…という具合です。個人の人生設計もこのラインにそって決まっていきます。何歳くらいで結婚して，何歳くらいでマイホームを建てて…というように人生のコースが用意されていました。

　会社に就職したならば，会社こそすべてになります。「会社の発展＝自分の発展」です。みんな会社に帰属意識をもって，会社のために社員一丸となって懸命に働きました。また会社の方も「社員は家族」とばかりに，公私にわたって面倒をみてくれました。

このような雇用形態は，人びとにとって安定した生活の基礎となりました。

（3） 輸出大国・大量消費社会

本来，1社で十分な企業が4社も存在するわけですから，生産は過剰になってきます。しかし，当時それもあまり問題になりませんでした。

まずアメリカがモノを買ってくれました。当時の日本の為替レートは1ドル＝360円と非常に輸出に有利な円安となっていましたし，アメリカ経済は拡大基調にありました。さらに朝鮮戦争などの国際情勢も日本の輸出に有利に働いていました。

次に日本の消費者がモノを買ってくれました。（2）でみたように"競争させない"という政策は倒産する企業をなくし，安定した雇用情勢を実現しました。安定した雇用は人々が安心してモノが買える所得を生み出します。人々は，洗濯機や白黒テレビ，車などを次々と購入し，**三種の神器**，**3Ｃ**などの消費ブームが次々と起こってきました。

最後に企業がモノをかってくれました。輸出の増加，国内消費需要の増加は，国内の生産を増加させるための設備投資の増加を必要とします。企業の方も「アメリカに追いつけ，追い越せ」とばかりに積極的な設備投資を行いました。戦後の経済発展の最も大きな要因がこの設備投資です。また研究開発にも力を入れてきました。資源のない日本にとっては技術で世界と戦っていくしかありません。国をあげて技術立国を目指したのです。

このように戦後の日本は政府の指導の下に一糸乱れぬ体制をとり，発展を続けてきたのです。このような体制は資本主義ではあるが，およそ資本主義とは言い難いものであるとして各国から**日本型社会主義モデル**とよばれました。

● 第3節　高度経済成長期（1956-1970）●

1956年の経済白書には「もはや戦後ではない」というフレーズが書かれました。この時期の写真をみると銀座には立派なデパートが立ち並び，女性はおしゃれなパーマをかけてワンピース姿で歩いています。10年前には全くの焼け

野原だった銀座が奇跡のように復興しているのです。しかし，本当の日本の奇跡はこれから始まります。この時期から日本は世界がいまだ経験したことのない高度成長期に突入していくのです。

① 朝鮮特需

　1950年6月25日，北朝鮮は突如38度線を突破して韓国に侵攻を開始しました。朝鮮戦争の勃発です。3日後の6月28日にはソウルが陥落。あっという間に北朝鮮軍は釜山にまで迫ります。これに対して国連軍のマッカーサーが9月に仁川上陸作戦を敢行し北朝鮮軍を38度線に押し返します。国連軍がさらに北上を続けますが，今度は100万の中国人民解放軍が参戦，再び38度線まで押し返され，そこで膠着するという大変な戦争でした。

　しかしこの朝鮮戦争は日本にとって大きなターニングポイントとなる事件でした。ひとつはこの戦争により東西両陣営の対立が激化し，日本の西側陣営の一員としての役割が重視されるようになったことです。日本の早期の自立と防衛力の強化の必要性が認識されるようになったのです。自衛隊の前身である警察予備隊が創設されたのもこの1950年でした。

　もうひとつは，この戦争が日本に莫大な戦時物資の需要を生み出したことでした。これを**朝鮮特需**といいます。朝鮮戦争はドッジ・ライン以降の安定恐慌でデフレ傾向にあった日本に好景気をもたらしました。軍用毛布，土嚢用布袋，各種鋼材などの大量の需要が起き，"糸へん景気，金へん景気"といわれました。これを機に日本企業は戦前の非効率な生産方式を捨て，アメリカ式の大量生産方式への切り替えをすすめていくことになります。

　1951年度には日本の鉱工業生産が戦前の水準にまで回復し，石炭中心のエネルギー構造から石油中心のエネルギー構造へと転換をはかっていきました。

② 神武景気（1954年11月–1958年6月）

　1955年は「戦後経済最良の年」とよばれました。船舶を中心とした輸出ブームがおき，その受注量は世界第1位となったのです。農業の方も，米の大豊作

により米の自給が可能となってきました。「もはや戦後ではない」という言葉は，多くの日本人にとって重く苦しかった戦後との決別と同時に，新しい時代の幕開けを予感させるものだったのです。

　輸出の拡大は，消費・投資の拡大へとつながっていきました。

　一般家庭の消費も拡大しはじめていました。トランジスタラジオの生産が始まり，ラジオブームが到来していました。力道山の空手チョップを見るために多くの人が白黒テレビを購入しました。その数は30万台（1956）に達したそうです。白黒テレビと電気洗濯機，電気冷蔵庫を**三種の神器**とよびます。

　投資需要は消費以上の伸びをみせていました。各企業は近代化をすすめ，機械の取り替え，大型化を推進していきます。ビニロンやナイロンといった新素材産業が新たなブームとなっていました。1956年の民間設備投資は名目で58％増，実質でも39％増という大変な増加です。

　このような未曾有の好景気は「神武開闢以来の好景気」という意味で**神武景気**と名付けられました。

　しかし景気の拡大のテンポがあまりにも速く，鉄鋼，電力，輸送等が追いつきません。熟練工の不足，国際収支の悪化に関する金融引き締めなどから，1957年6月を山として景気は収束に向かっていきました。

③ 岩戸景気（1958年6月–1962年10月）

　神武景気後の「なべ底不況」を経て，**岩戸景気**がやってきます。神武景気よりも長く力強い景気でしたから，ネーミングにあたっては神武東征よりも古い時代を使わなくてはなりません。八百万の神々が，お隠れになった天照大御神を天岩戸からお出しになった故事にちなんで岩戸景気と名付けました。　岩戸景気の特徴といえば消費革命と所得倍増論です。

　消費では車とバイクが普及し始めていました。日本でもアメリカに遅れること30年でモータリゼーションが始まったのです。ホンダのスーパーカブや富士重工のスバルが登場し，ブームとなっていきました。日清のチキンラーメンが生まれたのも，エポック社の野球盤が販売されたのもこのころです。人びとの

消費はますます多様化し，日本でも大量消費社会が実現しました。

　消費が拡大すれば，設備投資も拡大していきます。この時期「投資が投資をよぶ」という空前の投資ブームがおきていました。

　そんななか，池田勇人内閣が**国民所得倍増計画**を発表します。これは文字通り「10年で国民所得を倍にしよう」という政策で，当時の誰もがが「え！」と驚くほどの非常に野心的な計画でした。1960年12月に閣議決定され，本格的に動き始めました。しかし，驚くなかれ，日本経済は"所得倍増"をたった7年で実現してしまったのです（1967）。そしてその翌年1968年には日本はGNP世界第2位の経済大国になってしまいました。

　この時期，政府と産業界のチームワークは非常に緊密でした。政府は産業界に対して数々の助成・支援を実施していきます。諸開発銀行，中小企業金融公庫等による企業近代化のための資金の斡旋機関の設立，規制工業地帯の環境整備・新規工業地帯の造成など国をあげての工業の高度化，国際競争力の強化が図られました。

　一方で，新たな問題も生じ始めていました。この時期の主要産業は鉄鋼業でしたが，重化学工業も「戦略産業」として期待されていました。重化学工業は，その産業の性格上，海岸沿いに立地しなくてはなりません。そのため太平洋の海沿いに大規模な重化学工業の基地が林立する**太平洋ベルト地帯**が形成されました。その結果，大規模な人口移動が発生することになりました。若年人口はこの太平洋ベルト地帯の都市部に移動し，老齢人口が地方に残るという**過疎・過密**という問題でおきてきました。また急速な工業発展の陰で，公害問題も表面化しつつありました。

④ いざなぎ景気（1965年10月-1971年12月）

　岩戸景気が終了した後の1962年から1965年までは足踏み状態が続きます。この時期，東京オリンピックの開催をひかえての短い建設投資ブームはありましたが，オリンピック開催後には景気が後退していきます。

　1965年には**昭和40年不況**といわれるほど景気が悪化していきました。山陽特

殊鋼が会社更生法を申請したり，山一證券が事実上倒産ともいえる再建計画を発表したりと，経済界に大きな打撃を与える事件がおきていました。

　景気の悪化は財政にも大きな影響を与えました。昭和40年度予算は当初は均衡予算でしたが景気の悪化から税収不足に陥り，公債発行を余儀なくされました。とうとう1966年には当初予算から建設国債を盛り込んだ予算編成となり，戦後の均衡予算主義からの転換の契機となりました

　しかしこの「昭和40年不況」の後に，戦後最長にして最大の**いざなぎ景気**がやってきます。神武，岩戸と以前となると，もはや国生み神話の「いざなぎ・いざなみ神」しか残っておらず，いざなぎ景気と名付けられました。

　景気の主役は民間消費でした。**新3Cブーム**とよばれる車，カラーテレビ，クーラーといった耐久消費財が飛ぶように売られました。

　日本が**輸出加工型産業**構造が形成されたのもこの時期です。

　いざなぎ景気の特徴は，なによりも戦後最長の好景気ということでした。毎年のように2けたの成長率が長期間にわたって続いたのです。

第12章
戦後日本経済の物語　その2

　高度成長期に順調な拡大を続けてきた日本経済ですが，1970年代にはいると大きな障害にぶつかります。ニクソン・ショックと石油ショックです。

　そもそも日本経済には大きな欠点がありました。資源がないことです。それゆえ，資源を輸入して，それを加工して，海外に輸出するという輸出加工型産業を構築して，発展を可能にしてきました。その日本にとって資源価格が上昇する石油ショックは大きな痛手でした。またニクソン・ショックは為替レートの変更をせまるものでした。それまで1ドル＝360円という比較的有利な為替レートで輸出を行ってきた日本にとって，大きな問題となりました。

　しかし日本はこれらの問題を乗り越えて，さらなる飛躍を実現していきます。

　本章では，日本が1970年に直面した危機と，それをいかにして乗り越えたかということと，その後のバブル経済とその崩壊，さらに「失われた20年」についてみていこうと思います。

第1節　日本経済の構造転換

（1）　1970年以前の日本経済の問題点

　鉄鋼・重化学工業を主役とする産業構造はどうしても巨大な設備投資が必要になります。鉄を溶かす炉，大量の石油を備蓄できる石油コンビナートなどの設備が不可欠で，そのための用地を確保しなくてはなりません。政府はそのような産業界からの要請に応えるべく工業用地の造成をすすめていきました。直接にタンカーを横付けできるような港を作り，大量の労働者が居住可能な大都市近郊の場所を選び，開発を進めてきました。千葉，茨城，川崎などに次々と工業団地が形成されたのもこのころです。

若年労働人口の地方からの流出が促され、大きな人口移動が発生しました。都市部では過密が、地方部では過疎の問題が起きていました。

また巨大な設備投資を行えるのは、巨大な資本を持った大企業だけで、日本企業の9割を占める中小企業との格差も拡大していました。(二重構造問題)

"巨大なこと"もまた問題でした。鉄鋼・重化学工業は大量の資源の輸入を必要とします。それに付加価値をつけて輸出・販売するのですが、この付加価値の部分を生み出し、なおかつ巨大な資本を回収していくためには、大量の生産・販売を行わなくてはなりません。このなりふり構わぬ大量生産・大量販売は国内では公害問題を生み、海外とは貿易摩擦を生みだしていました。

そのような問題を内包した日本経済に1970年代初めにはいると次々と大きな課題が降りかかってきます。

(2) 日本列島改造論

順番が前後しますが、まずは国内の出来事からみていきましょう。

1972年6月、田中角栄は『**日本列島改造論**』という著作を出版します。その内容は「過疎・過密の問題の解決には抜本的な国土開発が必要であり、そのためには首都圏、近畿圏の既成市街地における工業地帯を制限し、地方への工業移転をすすめる必要がある。また同時に国土を高速交通網で結ぶ必要がある」というものでした。

その年の7月に田中角栄内閣が成立すると、"日本列島改造ブーム"が巻き起こります。内閣は早速に経済審議会に諮問、1973年2月には「経済社会基本計画」が答申され、1973年から1977年までの社会資本整備に90兆の予算を充て、3,100kmの高速道路、1,900kmの新幹線路線を作り、各地方都市に工業地帯を分散させていくという壮大な計画が立てられました。

しかし日本列島改造ブームは次第に評価をさげていきます。その原因はインフレでした。『列島改造論』に基づく公共投資や用地取得は、土地価格の高騰を狙った業者による投機を生み出してしまいました。全国の市街地価格は1972年から73年にかけて32%も上昇し、自分の家を持ちたいとのぞむ庶民の夢は無

残にも打ち破られたのです。

そんな地価高騰、物価高騰のなか、さらなる問題が追い打ちをかけます。

（3） 第一次石油ショック

1973年代10月、第四次中東戦争が発生しました。ユダヤ教の最も神聖な日とされるヨム・キプールの日にエジプト・シリア連合軍がイスラエルに奇襲をしかけ、戦争が開始されました。開戦当初は不利な立場にあったイスラエルですが、その後アメリカをはじめとする連合軍の参戦により戦況を回復し、1カ月ほどで停戦となりました。

しかし、この戦争の最中にOAPEC（アラブ石油輸出国機構）が「親イスラエル国に対しては石油の輸出を禁止する」と発表したことで世界中がパニックに陥ります。**第一次石油ショック**です。世界中で石油の価格が高騰しましたが、とりわけ石油の大半を中東からの輸入に依存している日本にとって事態は深刻なものとなりました。実はOAPECは「日本に石油を売らない」などとはいっていません。しかし、イスラエルを支援している国はアメリカであり、そのアメリカの同盟国が日本ですから、「日本に石油が来なくなるのでは！」という憶測が広がり、人々の間にパニックが広がっていったのです。便乗値上げが相次ぎ、インフレが加速、消費者物価指数は1974年には23.2％の上昇となり、実質GDPはマイナス1.2％と戦後初のマイナス成長を記録します。石油とあまり関係のないトイレットペーパーの買い占めがおきたり、紙不足が懸念され週刊誌やマンガのページ数を少なくなったり、といった混乱が各処で発生し、「**狂乱物価**」という造語まで作られました。

日本はこの時期以降、石油依存度を減らすとともに**省エネ**の名のもとに、エネルギーの効率的利用が可能な社会の構築を模索してゆきます。

それと同時に、高度成長期の大量の資源を用いた**大量生産・大量消費**の産業構造から新たな**高付加価値**産業への構造転換をはかり始めました。

（4）ニクソン・ショック

　この時期，もうひとつの大きなショックが日本を襲っていました。**ニクソン・ショック**です。これはニクソン大統領によって発表された緊急経済政策で，金とドルの兌換を停止するというものでした。

　戦後の**ブレトンウッズ体制**は**固定相場制**を維持してきました。金とドルの交換レートを1オンス＝35ドルと定め，金の兌換を保証することでドルを金と並ぶ国際通貨として流通させる体制です。第二次世界大戦後，ほとんどの金はアメリカにあり，ドルは金の強い裏付けを持っていました。しかし，1960年代にはいるとベトナム戦争等の支出が増大し，アメリカは大幅な財政赤字と国際収支赤字を抱えるようになります。それとともにドルへの信用が次第に低下していくようになりました。1970年代にはいると多くの国々の銀行や機関投資家はドル切り下げの危機を懸念し，ドルを持たずに円やマルクを持とうとします。このような「ドル売り＝円・マルク買い」というポジションはますますドルの切り下げ圧力を強めることになりました。

　これに対してニクソン大統領は，1971年8月，一律10％の輸入課徴金と金ドル兌換の停止を発表します。ニクソン大統領の狙いはブレトンウッズ体制にゆさぶりをかけ，ドル高の是正を迫ろうというものでした。

　この年の12月，先進各国の蔵相はワシントンのスミソニアン博物館に集まります。そこでドル切り下げ（ドル安）を含む多国間通貨調整が行われ，ドルは金に対して7.89％切り下げられ，1オンス＝38ドルとされ，各国の通貨とドルのレートが調整されました。円も1ドル＝360円だったレートが，1ドル＝308円にまで切り上げられました。これを**スミソニアン合意**といいます。

　しかし，その後もアメリカの国際収支赤字は改善しませんでした。1973年1月に入るとイタリアのリラが二重為替相場制を採用したり，スイスが変動相場制に移行したりしました。2月には西ドイツで大量のドルが売られたことで国際通貨不安が発生，結局，1973年2月から世界経済は**変動相場制**に移行し，ブレトンウッズ体制は崩壊しました。

　この変動相場制への移行による為替レートの上昇も，それまで輸出主導型で

成長してきた日本の産業構造に大きな転換をもたらすものとなりました。

（5）経済構造の転換

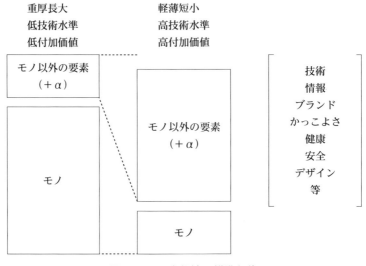

図12.1　日本経済の構造転換

　1960年代の高度成長が可能であったのは，ある程度世界経済が好景気にあったことと，比較的円安の為替レートが輸出に有利に作用してきたということもありました。そういった環境のなかで中東の石油を安価でふんだんに使えたという要因もあって日本は鉄鋼業，重化学工業を発展させ，大量生産・大量消費，輸出主導型産業という形で経済成長を実現させてこられました。

　しかし，第一次石油ショックは原油価格を4倍に上昇させ，ニクソン・ショックでは為替レートの引き上げを余儀なくされました。もはや日本が従来のような大量生産・大量消費，輸出主導型産業といった経済構造が不可能となってきていたのです。

　そこで，当時の日本人が出した答えが「いいものを作って売る」というものでした。図12.1はその構造転換を示しています。

第12章　戦後日本経済の物語　その2

　従来の産業構造で，最も大切なものは"量"でした。

　たとえば，鉄鋼業をみてみましょう。日本は鉄の原料の鉄鉱石をオーストラリアなどの諸外国から輸入していました。そしてその鉄鉱石を溶かして鉄を抽出し，それを圧延して諸外国に輸出していました。そこにも高度な技術はあるとは思いますが，基本的には鉄鉱石という"モノ"を輸入して，鉄という"モノ"を輸出しているだけです。そこに加えられた付加価値は"鉄鉱石を鉄にする"というもので，大きな付加価値を加えられるものではありませんでした。

　この経済構造ですと豊かになる方法は決まってきます。大量に輸入し，大量に輸出するしかありません。付加価値の部分がその国のGDPになるわけですから，GDPを増やしたければそうするしかないのです。端的にいって薄利多売です。日本の高度成長はこの薄利多売を実施してきたものといえます。

　しかし，そのために第一節でみたような諸問題が発生していました。

　そこで日本が新しく目指した方向が高付加価値という方向でした。たとえばITのチップを例にとって考えてみましょう。ITのチップの原料はレアメタルという石にすぎません。おそらく1ｇ＝50円くらいなものでしょう。これを輸入してきて加工するとITのチップができます。価格としては1,000円くらいになります。この時点で"高度な技術"という付加価値が加えられました。さらにこのITチップに"情報"を入れたとします。企業情報とか顧客情報といったものです。するとこのITチップの価格は100万円，いや1,000万円になるかもしれません。モノ自体はたったの50円です。そこに"高度な技術"や

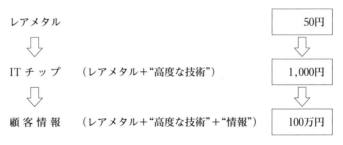

図12.2　高付加価値の事例

"情報"を付加することで，何十倍，何百倍もの価値を生み出しています。

GUCCIだ，CHANELだのといったブランドも同様です。もともとのカバンの原料の価格は1万円もしないでしょう。しかしそこにブランドのロゴが入った瞬間に価格は10万円にはねあがります。ここで売買されているのはカバンという"モノ"ではありません。かっこよさとか「ブランドのカバン使っている」という満足とかいう"＋α（プラスアルファ）"が売買されているのです。

現代では「Made in Japan」自体も立派なブランドになっています。

1980年代の日本では自動車産業が隆盛を極めましたが，その秘密は，車を単なる"移動手段"というモノと考えるのではなく，デザインやかっこよさ，燃費，操縦性，安全性といった"移動手段＋αのαの部分を充実させていったことが圧倒的でした。

このような"技術"や"デザイン""ブランド""情報"といった"モノ以外の要素"は知価とよばれたり，サービス化とか高付加価値とよばれたりしています。

これらの特徴は"モノを必要としないこと"です。大量の輸入は必要ありません。必要な量を輸入し，それに大きな付加価値をつけて売ればいいだけです。為替レートに一喜一憂する必要はありませんし，輸入する原材料価格も売買価格に対してそれほど影響してきません。

もうひとつの特徴は"物的な投資や生産活動においてもモノがいらない"ということです。大工場や大型機械は必要ありません。必要なのは研究開発であり，教育であり，センスです。

このように第一次石油ショック，ニクソン・ショックを機に，日本は大きく産業構造を転換していきます。

その成果は，第一次オイルショックから数年後の1979年にあらわれます。この年，イラン革命を機に再び世界は石油ショックに見舞われます。**第二次石油ショック**です。この時も世界中で石油価格が高騰し，物価も上昇しました。しかし，着実に産業構造を転換してきた日本だけは，卸売物価は多少上昇したものの，消費者物価はさほど上昇しませんでした。国民の冷静な対応と，もはや

原材料価格の変動に影響されない強い経済構造を獲得しつつあったからです。

● 第2節　1980年代の安定成長からバブル経済 ●

（1）　1980年代の安定成長

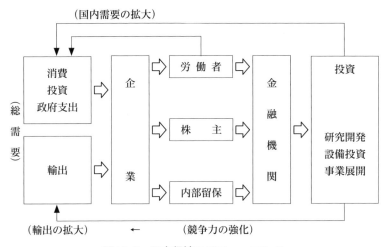

図12.3　日本経済のパフォーマンス

　1980年代前半から中盤にかけての日本経済は着実に高付加価値社会の実現を目指して成長を続けていきました。

　高度の技術を必要とするハイテク部門や自動車産業が発展し，自動車工場では電子制御ロボットが組み立て作業に従事し，ICチップの工場では何ミクロン単位のチップをこれもロボットが製作していました。

　図12.3は，当時の日本のパフォーマンスをあらわしたものです。

　日本の企業の利益は，主に労働者か株主かあるいは企業の内部留保かに分けられます。このうち労働者への給与はかなり安定的に上昇していきました。終身雇用・年功序列という雇用の安定に加え，企業利益の拡大は労働者の所得を増加させ，それが消費の確実な増加につながっていきました。とはいえ，日本人の消費性向はさほど高くありません。「マイホームを買うため」「老後のた

め」とさまざまな理由がありますが，高い割合で貯蓄がなされていました。当時の日本人にとって株とか土地による資産運用は一般的ではなく，とりあえず銀行に預けるというのが普通の資産形成でした。

　株主に対する株主配当もそれほど大きいものではありませんでした。企業ごとに系列があり，たいていはその系列のメインバンクが筆頭株主になっていましたし，系列内の企業同士で株の持ち合いなどもしていたので，高い配当は要求されませんでした。

　その結果，企業の内部留保が大きなものになりますが，これはやはりその企業系列のメインバンクに預け入れられます。

　こうして多くのお金が金融機関に集められることになりますが，そのお金は再び，企業に貸し出されることになります。企業はこれらの資金を積極的な設備投資や研究開発，事業拡大などに投資していきました。

　その結果，さらに投資需要が増加し，設備機器等関連の企業の生産を拡大していきます。一方で研究開発や設備投資の増加はそれだけ企業の技術力を増加させていきます。こうして「よりよいものを作って，世界中に売っていく」という技術立国・輸出大国という新しい経済モデルが形成されていきました。

　こうして，1980年代の日本は「Japan as No.1」とか「Look East !」とたたえられたように経済的繁栄を謳歌したのです。

（2）　バブル経済の原因

　バブル経済の原因は1985年のプラザ合意に始まるといわれています。当時，アメリカの経済は低迷を続けていました。貿易赤字に加えて，レーガノミクスによる財政赤字も拡大し「双子の赤字」といわれる状態に陥っていました。「アメリカの破綻は世界の破綻につながる」との認識から先進各国（G5）が集まり，ドル高是正を決めました。これを**プラザ合意**といいます。

　この時代はもう変動相場制になっていますので，スミソニアン合意のように各国の蔵相が「ドルは○○円」と決めて終わりというわけにはいきません。各国の中央銀行は外国為替市場でドル売りの協調介入をしなくてはなりませんで

した。1ドル＝240円だった円ドルレートが年末には1ドル＝150円にまで値上がりしていきます．

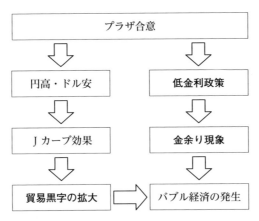

図12.4　プラザ合意からバブル経済へ

　ところが期待に反して，日米の貿易摩擦はさほど是正されませんでした．むしろ，円高になっても輸出量が減らず，逆に日本の貿易黒字は拡大してしまいました（Jカーブ効果）．その結果大量のドルが日本国内に流れ込んできました．

　当時，企業にしろ，個人にしろ，機関投資家にしろ，多くのマネーを持ってはいます．しかし金利が低いので銀行預金をしてもあまりリターンは見込めません．「いい投資先が見つからない」という，お金が行き場を失っている現象がおきていました（金余り現象）．

　本来は，それまで日本がやってきたと同じく，研究開発，設備投資にマネーをまわすべきだったのかもしれません．特にこの時期にこそ次世代を見据えたパソコンやIT，情報ハイウェイといった分野への投資が絶対に必要でした．しかし，それは後になってわかることで，この時期の日本人は行き場を失ったマネーをどうしようかと悩んでいるところでした．また，研究開発というのは非常にリスキーなものです．「アメリカに追いつけ追い越せ」とアメリカの真似をしているときは楽でした．その通りにやっていけば間違いがないからです．

しかし，一度自分がトップに立ってみるとどの分野の研究が利益を生むのかと途方に暮れてしまいます。戦後，多くの指導者や経営者はそれでもしっかりと決断して日本経済のかじ取りをしてきました。しかし，ちょうど三代目くらいにあたるこの時期はそうはうまくいかなかったようです

（3） バブル経済

　余ったマネーを持って途方に暮れていた経営者たちの目に留まったものが土地でした。株は上がったり下がったりします。研究開発も利益に結び付くかどうかは未知数です。しかし，唯一値上がりし続ける資産が土地だったのです。

　あり余ったお金が土地に流入しはじめました。「今後の都心のオフィス需要は増加する」「土地は絶対値下がりしない」等々の土地神話に乗り，企業や不動産業者が都心部の土地を買い始めました。これにより都心部の地価が高騰し始めると，それが地方にも波及していきました

　誰も来ないような僻地にレジャーランドが建てられ，山奥にゴルフ場が建設されていきました。将来，何倍もの値段で土地が売れるという予想のもとに土地が買われていきます。転売目的で土地を買おうとする悪質な地上げ屋があらわれ，どうしても土地を売らない居住者の家にダンプで突っ込んだり，家に火をつけたりしました。こうして日本の土地の価格は全国的に高騰し，都心部では一坪1億円という土地も出現し，あまりの固定資産税の高さに自殺者まで出るほどになっていきました。

　地価を引き上げたお金は，次に株式市場に流れ込みます。とんでもなく高騰した土地を担保にすればお金が借りられましたから，さらに多くのお金が株式市場に流れ込んでいきました。NTTの株式公開を皮切りに，企業も家計も豊富になったマネーを株式市場に投資し，空前の財テクブームが発生しました。株価は2倍，3倍と跳ね上がり，200万円で売り出されたヤフー株は2年ちょっとで1億5,000万円の高値になりました。

　このような資産価格の上昇は日本人を「豊かになった」と実感させ。高級輸入車，ブランド品，高級住宅地，リゾート＝マンションなどが好調に売れて

いきました。海外旅行者も増加し，「パスポートをとるのも面倒だし，いっそハワイごと買ってしまおうか」ともいわれたりしました。

（4） バブルの崩壊

膨らんだ風船はいつか破裂します。バブルもまたはじける時がきます。実体経済とかけ離れた土地や株価はいつか暴落していきます。日経平均は1989年の大納会で3万8,915円87銭をつけましたが，急速に下落傾向を強め1990年3月には3万円台を割り込みます。1990年8月に湾岸戦争が勃発すると株価はさらに下落し，2万円台を割り込みます。

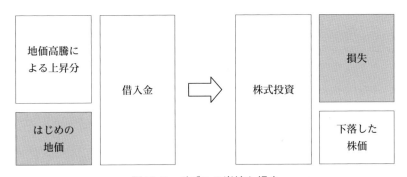

図12.5　バブルの崩壊と損失

企業や投資家は地価上昇によって膨らんだ土地価格を担保にしてお金をかりて株式投資をしていました。その株価が暴落してしまったのです。当然，損失が発生します。そして同時に土地の価格も下がってきています。株の損失分を土地を売って補おうとしてももはや損失分の方が大きくなってしまっています。こうなると企業は倒産，個人は破産です。夜逃げ屋という，借金に追われる家族を逃がす仕事があらわれてきたほどです。

戦後復興期，高度成長期。1970年代の危機，1980年代の安定成長期と，それぞれの時代の課題に対応し，経済成長を実現してきた，その日本の富が一朝にして失われてしまったのです。

（5） 立ち遅れる日本

なによりも残念なことは，バブルで踊っていたこの時期にこそ本当に研究開発や技術開発に頑張らなければいけない時期だったことでした。

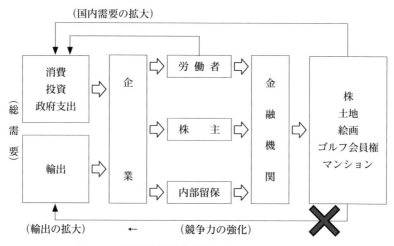

図12.6　研究開発技術開発に立ちおくれた日本

1980年代前半の日本を発展させていたサイクルは先にみた通りでした。日本は外国に輸出して設けたお金で研究開発や設備投資を行いさらに「いいものを作ろう」と頑張ってきました。しかし，バブルの時期，日本はこのパフォーマンスのサイクルを壊してしまったのです。

企業や個人は，儲かったお金を土地や株，絵画，ゴルフ場の会員権に使いました。研究開発は日本の産業の技術力を向上させてくれますが，ゴルフ場の会員権は技術力を向上させてはくれません。後の歴史からみれば，最も大切なこの時期に日本は株だの土地だのにお金をつぎ込んで遊んでいたように見えることでしょう。

この時期，アメリカではレーガノミクスの成果が次第に現れてきていました。国内の情報ハイウェイが整備され，軍事用の人工衛星が民間に利用されるようになっていきましたし，規制緩和が次の世代の企業家を生み出していました。

マイクロソフトなどの IT 企業もそのなかのひとつでした。

● 第3節　その後の日本経済 ●

（1）　失われた20年

　バブル崩壊によって最も打撃を受けたのは金融機関でした。日本の銀行は土地本位制といって、土地を担保にしてお金を貸すという仕組みでしたから、貸したお金を回収しようにも土地の価格が極端に下がってしまっており、回収不能状態に陥っていました。このような回収不能の債権を**不良債権**といいます。1992年、日本政府は都銀など21行の不良債権の合計は7兆円から8兆円にすぎないと発表しました。しかしイギリスのフィナンシャルタイムズは42兆円から56兆円と報じており、実体は、かなり深刻な問題となっていました。

　そのようななか、次々と大手金融機関が破綻していきます。北海道拓殖銀行（1997年11月経営破綻）、日本長期信用銀行（1998年10月金融再生法適用、一時国有化）、日本債券信用銀行（1998年国有化）、山一證券（1997年11月自主廃業）と巨大金融機関が破綻していきました。

　これに対して、金融機関は自己資本比率を回復させるために無理やりに不良債権を回収したり（貸しはがし）、これ以上お金を貸さないようにするといった、もはや銀行の業務とは逆方向の動きをみせる混乱ぶりとなっていきました。

　この時期から長期にわたる日本の**デフレスパイラル**現象がはじまります。

　図12.7は2000年代以降のデフレスパイラルという状況をあらわしています。

　まず企業の業績が低迷していました。バブル経済から一転、人々は先の見えない不況に消費を切り詰めて生活するようになっていました。また企業の方もバブルの後遺症で多くの負債を抱えており、新しい投資など不可能な状況にありました。そこで企業はリストラや派遣切り、早期退職勧告といった人件費の削減に乗り出します。多くの工場が閉鎖され、労働者が次々と解雇されるようになってきました。昭和の「会社は家族、社員は子も同然」といった風潮などもはや存在しなくなっていました。

　このような風潮はさらに人々の消費を削減させ、切り詰めた生活を送るよう

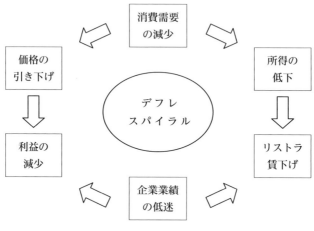

図12.7　デフレスパイラル

にさせていきます。そうなると余計にモノが売れません。企業は縮小していく市場でなんとか利潤を確保しようとして安売りに転じていきます。しかし、ライバル企業も安売りを開始するため、双方の企業の売り上げを引き下げ、結局は企業利益を低下させていくという負のスパイラルに陥っていきました。

　日本はこのような低迷をバブル崩壊以降の20年近くも続けてきたのです。

（2）　フルセット型産業構造の転換

　日本がなかなか回復できなかった理由のひとつに経済構造の問題もありました。第11章でみてきたように日本は「日本型社会主義モデル」といわれるくらい政府による指導、大企業から中小企業にいたる系列という巨大なピラミッド構造を構築してきました。そして、護送船団方式という"競争力の最も弱い企業でも脱落させない"という独特の経済構造を維持してきました。

　しかし"競争させない"という構図は、**フルセット型産業**構造を生み出してしまいました。図12.8はそのフルセット型産業構造を示したものです。系列ごとにすべての産業に企業が存在していることを示しています。

　競争が存在していれば、このような事態は生じません。しかし、政府が"競

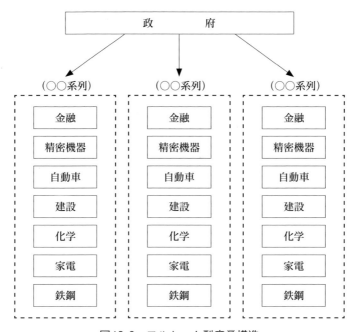

図12.8 フルセット型産業構造

争をさせない"という護送船団方式を実施してきたため，このような形になってしまいました。これでは明らかに企業数が多すぎてしまっています。

それでも1980年代までは，政府の指導の下，市場のシェアを分け合ってなんとかやってきました。

しかし1990年代にはいってグローバリゼーションが本格化すると，もはやこの仕組みは機能しなくなります。先進国並みの技術力を持ち，安い労働力と旺盛な設備投資を行う新興諸国が攻勢をかけてくると日本企業は外国企業との非常に厳しい競争にさらされるようになります。

それと同時に"系列"というものが意味をなさなくなってきました。いくら系列の指示に従っていても，海外の企業からの競争では何の助けにもなりません。

決定的だったのは1997年～98年にかけて起きた山一証券・北海道拓殖銀行・

日本長期信用銀行の破たんでした。先にみたように各系列は銀行を中心にまとまっていました。それゆえ護送船団方式はとりわけ金融機関についてはより手厚い指導・統制が行われてきました。しかし，1990年代後半に起きたこの3つの金融機関の破たんは，政府がもはや指導も統制も行いえない，または行わないということを意味していたのです。

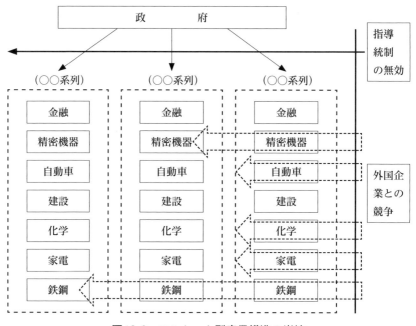

図12.9　フルセット型産業構造の崩壊

かくして，日本の戦後の復興期，高度成長期を支えてきた産業構造が崩れ始めました。

　もはや護送船団方式は意味を持ちません。国内でみんなと足並みをそろえていたら，あっという間に外国の企業との競争に負けてしまいます。ITを中心とした技術革新が急速に発展し，海外の企業との競争が激化するなかにあってもはや政府の保護もあてにできません。企業は自分の力で，国内はもとより，

海外の企業とも競争していかなくてはならなくなったのです。

（3） 迫られる構造転換

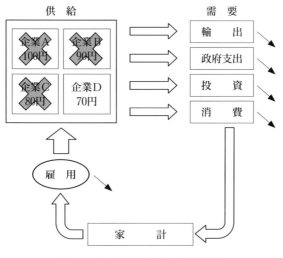

図12.10　日本の産業の構造転換

　日本の企業は"本当の競争"を始めなければならなくなりました。かつての護送船団方式ならば，企業Aも企業Bも企業Cも存続できました。政府が最も競争力の弱い企業Aに合わせるように指導してくれたからです。しかし，もはや政府の指示に従っているわけにはいきません。そんなことをしていたら海外の企業に負けてしまいます。企業Dは70円で販売を始めます。その結果，他の企業は競争に負けて市場から撤退していきます。

　企業数が少なくなるわけですから雇用される労働者も少なくなります。少なくなったポストをめぐって労働者の間でも競争が起きてきます。実力主義の時代になってきたのです。もはや終身雇用・年功序列のように，一度その会社に就職すれば，何もしなくても出世して，給料が上がっていくといった時代は過去のものとなりつつあります。また，企業も不必要な人材をキープするほどの

余裕もなくなってきました。必要な時に必要な人材を雇用するという，一時雇用，期間限定の雇用が常態化しています。

（4） 求められる起業家マインド

もはや時代は完全に変わってしまいました。

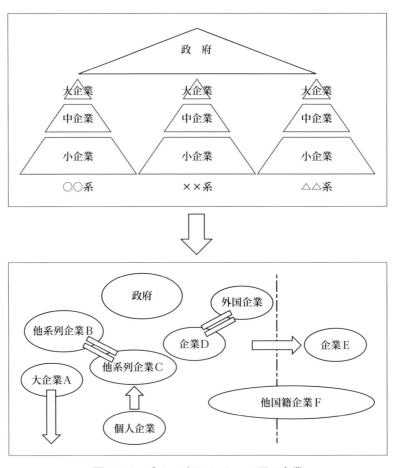

図12.11　グローバリゼーション下の企業

図12.11は極端に産業構造の転換をあらわしています。IT革命（今やAI）が進み，グローバリゼーションの進むなかにあっては，大企業といえども決して安穏としてはいられません。むしろ大企業ほど固定資産が多いために動きが鈍く，新しい時代に対応しにくいかもしれません。大企業であっても倒産したり，市場から撤退を余儀なくされます（大企業A）。一方で，技術革新のスピードの速い時代ですから，個人の技術や発想・発明も大きな可能性を秘めています。Youtuberの登場やミドリムシの食品化など意外な市場が次々と現れてきています。

　今や系列など関係なく合同，合併が行われるようになっています（企業Bと C）。外国企業と統合・合併する企業もたくさんでてきました（企業D）。もちろん単独で海外で活躍する企業（企業E）もありますし，多国籍企業となって複数の国に拠点を持つ企業もあります（企業F）。

　このような多様な経済活動を行う企業に対して，政府は統制も指導ももはや不可能です。また，これだけ新技術やイノベーションが次々と起きている世界で一国全体の方針を政府が決めるなどということもできません。

　グローバリゼーションが進み，世界中が巨大な市場となる現在，世界は再び，自由放任主義経済に戻りつつあるのです。日本もその例外ではありません。

　自由放任主義経済において重要な役割を果たしたのは企業家でした。シュンペーター的にいえば起業家です。さまざまな生産要素を結合させ，新しい産業を生みだす人々です。この動きの速い時代，求められるのはそのような起業家マインドをもった人材です。しかし長年にわたって「終身雇用・年功序列」「日本型社会主義モデル」「護送船団方式」と競争のない世界で生きてきた日本人にとっては難しいのかもしれません。

第13章
日本の財政と高齢化問題

　前章までで戦後の日本経済の大きな流れをみてきました。本章では，現在の日本の抱える問題と財政制度についてみていこうと思います。現在の日本が抱える大きな問題は高齢化と財政赤字の2つですがこの2つは相互に密接に関係しています。本章ではわが国の財政制度に絡めて高齢化問題，地方自治問題などを概括していきます。

● 第1節　日本の高齢化 ●

（1）日本の高齢化問題

　日本の抱える最も大きな問題は高齢化問題です。

　図13.1はわが国の生産年齢人口（15歳～64歳）と老齢人口（65歳以上），年少人口（0～14歳）の推移をあらわしたものです。

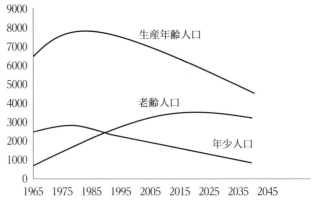

図13.1　わが国の生産年齢人口と老齢人口，年少人口の推移

第13章　日本の財政と高齢化問題

生産年齢人口は次のようになっています。

日本が最も活気があったバブル時代ピークの1990年には69.7％の人たちが働いていました。10人中7人が働いていたわけです。この人たちが消費活動を行うわけですから経済も非常に良好

表13.1　生産年齢人口の推移

1990年	8,587万5,000人	(69.7％)
2025年	7,165万2,000人	(59.3％)
2050年	5,179万人	(50.9％)

でした。しかし30年後の2025年には10人中6人に，2050年にはもはや2人に1人しか働いていないという状態になってしまいます。

「今後の日本がこれ以上に発展するかどうか」ということがよく議論されますが，この値を見る限りでは，あまり期待はできません。もちろん経済発展は労働人口だけで決まるわけではありませんが，2人に1人しか働いていない社会というのは，あまり活力ある社会とはいえません。

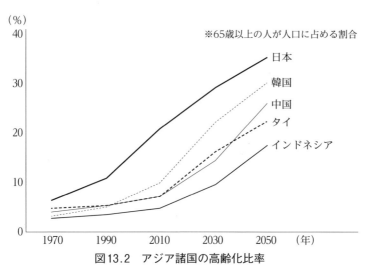

図13.2　アジア諸国の高齢化比率

出所）国立社会保障・人口問題研究所・「みんなの介護HPより」

その原因はもちろん高齢化にあります。

高齢化は世界中のほとんどの国で起きている現象です。先進各国でも高齢化

は進行していますが,とりわけアジア圏の高齢化のスピードは速くなっています。韓国,中国は日本以上に急速に進行しつつあります。今後,これらの国々どのように高齢化に対応する社会制度を構築していけるのかが大きな課題といえましょう。そのなかで日本の高齢化が最も先に進んでいます。

日本の高齢人口と生産年齢人口の関係は下の図13.3のようになっています。

2020年現在をみると,65歳以上人口1に対して2.2人の現役世代となっています。これは1人の高齢者を2人で支えるといった状況にあります。ただ現在の65歳以上というのは十分に健康であり,多くの方々が退職後も再就職して働いていますので,"支える"などと言ったら怒られてしまうかもしれません。一方で本当に支えなくてはならない70歳以上となりますとまだ5.5人に1人という状態です。これは5人で1人の高齢者を支えるという状態ですから,それでもまだ余裕があるといえます。

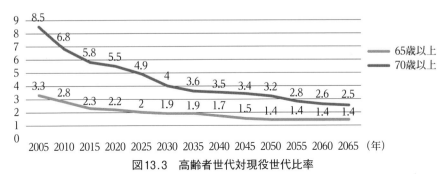

図13.3　高齢者世代対現役世代比率

出所）国立社会保障・人口問題研究所・「みんなの介護」HPより

しかし2050年になると2.8という数値に変わります。これは3人で1人の高齢者をみるという形になりますので,かなりの負担になるものと思われます。

このような超高齢化に対してどのような社会を構築していくのかが日本の喫緊の課題といえましょう。

（2） 「地方消滅」という話

2015年に『**地方消滅**』（増田寛也編　中公新書）というかなりショッキングな名前の本が出版されました。名前もショッキングですが内容もかなりインパクトの強いものでした。

「現在存在している1718（2017年現在）の市町村のうち2040年度までに896が消滅してしまう可能性がある」というものでした。なんと半分の市町村がなくなってしまうというのです。その原因もやはり高齢化です。

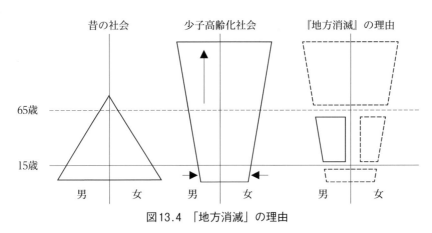

図13.4　「地方消滅」の理由

図13.4は人口の構造図を表わしています。一番左側は近代化以前の人口構造を表わしており，社会の教科書などでは「多産多死型」とよばれているパターンです。この形状だと，高齢者の数は少なく，それを支える現役世代が多くなっており，財政とか経済発展といった見地からは理想的といえます。しかし現代社会においては「多産多死」などは許されません。

医療技術と社会制度の変化により人口構成図は中央のような形に変わってきました。中央のグラフがそれです。まず寿命それ自体が伸びています。日本人の平均寿命は男性81.09歳，女性87.26歳（2017）となっています。医療技術の進歩や健康で安心できる環境，充実した食生活などにより寿命は着実に伸びてきています。一方で少子化も進行しています。現在（2017）の出生率は1.43と

なっており，減少を続けています。

　しかし，これが2040年になるとかなり様相が変わってきます。『地方消滅』はとりわけ地方部を問題にしています。現在，少子高齢化は地方ほど状況が厳しいといわれていますが，10年後，20年後にはその高齢者すらいなくなってしまいます。人口構成図の上の部分がなくなってしまいます。「では若い世代だけが残るのか」というと，そうでもありません。若い女性の多くが都市部に行ってしまいます。働ける環境が少ないのが主な理由です。すると，地方には現役世代は男しかいなくなってしまいます。当然，子供も生まれてきません。「かくして地方は急激な人口減少に見舞われ，地方の自治体は消滅していく」というのが『地方消滅』の骨子でした。「だから今のうちに地方に拠点都市を作り，大都市部に人が集まるを防ごう」という結論に至り，地方創生などのブームを作りだしました。

　本当に地方が『地方消滅』の予言の通りになるかどうかはわかりませんが，2040年には地方の農村部に住む人口が極端に減少し，一方で大都市部に住む人口は変わらないか増加傾向にあるということは間違いありません。そうなってくると，従来のような行政制度とは異なる仕組みが必要であり，そのための新しい国土計画，交通体系，地方財政制度などが求められています。

● 第2節　日本の財政制度と財政赤字 ●

（1）　財政の役割

　財政とは「国家の経済活動のこと」と定義されています。しかしその国家像自体が歴史とともに大きく変化してきている以上，財政の役割も大きく変化してきています。ここではマスグレイブの財政の三機能について歴史的な時間軸に沿ってみていきたいと思います。

①　資源配分機能

　まず財政の主な役割としては公共財を提供することです。個人では入手しえない，あるいは個人で入手することが非効率な財を政府が提供することです。

この前提となっているのは第7章でみた市民社会です。AもBもCもしっかりした教養も財産も持っています。敢えて政府に何かを依存するということもなく豊かに暮らしています。ここで火事について話合いが行われたとします。個人で消防隊を作ったり，消防署を建てたりするのは非常に非効率です。社会全体とし

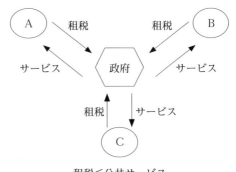

図13.5 機能的国家観

ては，消防署はなくてはなりませんが，個人では必要ありません。火事など一生に一度あるかないかの事件だからです。そこで話合いの結果，みんなでお金をだして消防署を建てることにしました。警察も軍隊も道路も同様です。必要な公共財をみんなでお金を出し合って入手するというものです。

そこには国家の理念とか福祉とかいう発想はありません。単純に「ないよりあったほうが便利だし，負担も少なくてすむから」という発想のみです。このように国家を単なる道具としてみる考え方を**機能的国家観**といいます。

ここで大切なことは「その公共財の便益がその租税負担よりも大きいこと」です。その公共財から得られる便益よりも租税負担の方が大きいというのであれば，そのような公共財は不要です。むしろ自分で入手した方がいいということになります。それゆえ，この機能的国家観に基づく租税負担は**応益負担**が正しいとされました。すなわち，最低でも「租税負担＝公共財から得られる便益」でなければなりません。

またその租税負担も比例税こそが公平と考えられました。ここでたとえば，外国の軍隊が攻めてきたとします。これに対して自国の軍隊がこれを撃退して，その国民の生命と財産を守ってくれました。この場合，1,000万円もっている人と1万円しか持っていない人では，提供された公共サービスが違います。1

万円持っている人が守ってもらった財産の10％を対価として政府に渡すとすれば，1,000万円持っている人は100万円を政府に支払うことが公平となります。それゆえ比例税が公平な負担とされました。

② 所得再分配機能

しかし，20世紀になり多くの人びとが政治に参加するようになると，市民社会のような話し合いも合理的判断も不可能になってきます。政治家によって国の進むべき方向性が示され，国民はそれに従っていくという政治が行われるようになります。これを**大衆社会**といいます。

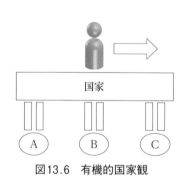

図13.6　有機的国家観

このように国家が方針なり理想なりを持っているという考え方を**有機的国家観**といいます。"有機"とは有機野菜という言葉で用いるように"生きている"という意味です。もちろん国家は抽象的な存在ですから生きてはいません。しかし，国家理性という心と崇高な目標を持っており，国民はそれに協力しなければならないという発想です。

ワグナーは国家の目的と職分について「国家その他の共生共同経済団体は全体の利益のために各人の利己的行動を制限し，人類の存立を安固にし，また国民経済の発達の条件を安固にして，全体と各人とをして倫理上の目的を達せるようにしなければならない」と述べています。ここでは「国家の目的のために個人の行動も制約される」のです。18世紀市民社会の機能的国家観は「まず個人ありき」でしたが，有機的国家観の下では「まず国家ありき」からスタートする発想となっています。

すると税金に関する考え方も変わってきます。機能的国家観では「租税負担≦公共サービス」であり，税金を公共サービスに対する対価としてとらえる応益負担でした。しかし有機的国家観で国民に求められるのは"協力"です。国

家の持つ崇高な理念に国民は協力しなくてはなりません。協力である以上，より力（財産）のあるものはより多く協力（納税）すべきであるという発想になります。これが**応能負担**という考え方です。そしてそのなかから累進課税制度が生まれました。

累進課税制度は所得の高いものにはより高い"税率"を適用し，所得の低いものにはより低い"税率"が適用されます。その結果，所得の多いものからはかなり多くの割合の税金が徴収され，所得の低いものにはわずかな割合しか徴収されません。場合によっては，低すぎる所得の者には補助金が与えられることもありました。このようにして所得の再分配が行われ，富の不均衡の是正という国家の目標が実現されていくことになるわけです。

福祉や社会保障制度といったものもこの発想から生み出されました。

③　経済安定化機能

20世紀にはいると政府はさらにその機能を拡大していきます。経済政策の実施です。アメリカで起きた1929年の株の大暴落，それに続く大恐慌のなか，アメリカ政府はニューディール政策を実施しました。公共事業を積極的に行い，失業者を吸収しようとしたのです。このような政策を総需要管理政策といい，ケインズがその理論を体系化したことからケインズ政策ともいわれます。政府が積極的に経済に関与し，総需要を生み出し，経済政策を実施していくことを**経済安定化機能**といいます。

このように，国家の果たす役割は時代とともに拡大してきました。それにともなって財政の果たす役割もますます大きくかつ複雑になってきています。

（2）　日本の予算制度

我が国には3つの予算が存在しています。**「一般会計」「特別会計」「政府関係機関予算」**です。その内訳は以下のようになっています。

このうち私達が「税金が高い」とか「福祉予算を増額せよ」「防衛費GDP1％突破」とか言っている普通の予算が「一般会計予算」です。

第4部　日本経済の盛衰と課題

表13.2　平成29年度予算

平成29年度	
一般会計予算	974,547
特別会計	3,934,290
政府関係機関予算	20,768

（単位：億円）

表13.3　平成29年度一般会計予算

平成29年度一般会計

		金額	比率
税収	所得税	179,480	18.4%
	法人税	123,910	12.7%
	消費税	171,380	17.6%
	その他	102,350	10.5%
	合計	577,120	59.2%
公債	建設公債	60,970	6.3%
	特例公債	282,728	29.0%
	合計	343,698	35.3%
その他		53,729	5.5%
歳入合計		974,547	

平成29年度予算　974,547

	金額	比率
社会保障費	324,735	33.3%
国債費	235,285	24.1%
地方交付税交付金	155,671	16.0%
公共事業費	59,763	6.1%
文教・科学振興	53,567	5.5%
防衛費	51,251	5.3%
その他	94,275	9.7%
合計	974,547	

（単位：億円）

　平成29年度の予算総額は97兆4,547億円でした。この年の日本のGDPが553兆円ですから，およそ20％弱といった政府規模です。
　歳入のうち税収は全体の60％程度で，所得，法人，消費の国税三税で税収全体の8割以上を占めます。残りは相続税や酒税，揮発油税，たばこ税などです。
　歳入の35％は公債となっています。公債は国の借金です。**建設公債**が公共事業などの社会資本整備のために用いられるのに対し，**特例公債**は「歳入が足りないので発行する」という赤字国債です。日本は財政法第4条で「公債の発行は建設国債に限る」と規定しており，公債の発行に一定の歯止めをかけていました。しかし東京オリンピック終了後の1965年におきた昭和40年不況は財政を悪化させ，初めての特例公債の発行となりました。ただしこの時は1年限りの

特例公債法で，その後続けて発行されることはありませんでした。しかし1975年の石油ショックを機に再び発行され，以後毎年発行されるようになりました。この特例公債が歳入全体のおよそ30％を占めてしまっています。

今度は歳出の方をみてみましょう。歳出で最も大きいのが社会保障費です。これは医療・介護などの費用で，歳出全体の30％を占めています。次いで大きいのが国債費ですが，これは国債の償還や利払いに充てられる分です。これが国家予算の4分の1を占めてしまっています。地方交付税交付金は，財政力の弱い地方自治体に対して渡されるもので，金額は平成29年度では「所得税および法人税の33.1％，酒税の50％，消費税の22.3％，地方法人税の全額」と決められています。そして公共事業費が6.1％となっています。

このように数字だけ並べてもあまりイメージが浮かばないと思いますので，これを人間に例えてみたいと思います。

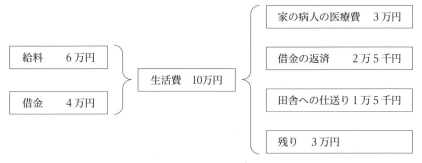

図13.7　一般会計予算を人間にたとえると

この人は月々10万円の生活をしています。自分で稼ぐ給料が6万円で，残りの4万円は借金です。すでにこれだけでも大変な暮らしだと思われるところです。それを何に使っているのかというと，家にいる病人のために3万円ほど使っています。それから借金をしていますので月々2万5千円も返済しなくてはなりません。もうこれだけで所得の半分が消えています。さらに田舎にも親戚がいて1万5千円の仕送りをしています。結局手元には3万円ほどしか残り

ません。この人はこの3万円のなかで生活していくということになります。

　なんとなく不安な生活がイメージできたでしょうか。本来の国の仕事は公共事業などを行って国民の生活を発展させることにあります。しかしそれにまわせるお金が非常に少なくなっているのです。借金の返済と医療・福祉に大きくとられてしまい，新しい取り組みをする余裕がないのです。このような状況を**財政の硬直化**といいます。

　財政の硬直化は財政政策の実施も困難にしています。思い切った公共事業ができないためにしっかりした不況対策もとれず前章でみたように，不況を長期化させてしまったり，新しい科学技術への基礎投資ができずに他国に遅れを取ったりしてしまいます。

（3）　将来の日本の財政

　次に，前節でみた少子高齢化という問題と合わせて日本の財政の将来を考えてみたいと思います。

　まず，今後の高齢化社会においてはますます社会保障費が増えていくことは間違いありません。お年寄り，特に70歳以上のお年寄りはケガもしやすく，病気にかかりやすくなっています。現在，どこの病院でも治療を待つお年寄りでいっぱいですが，今後ますますの混雑が予想されます。それにともなって給付される社会保障費も大きくなってきます。

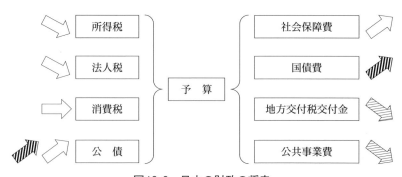

図13.8　日本の財政の将来

歳出の増加が予想される一方で，税収が増えるという期待は持てません。

まず所得税ですが，こちらは働く現役世代が減少しています。そのような母数が小さいところへの増税によって歳出をカバーしようとしたならば途轍もない負担になってしまいます。また所得税の増税は直接に消費の減少につながり景気を後退させる効果を持ちます。所得税の増加を期待するのは無理だと思われます。

法人税の増税も困難だと思われます。もし企業に対して高い税率を課すとしたら，企業は外国に本社や工場を移転させてしまうかもしれません。多国籍企業などは移転価格税制を使って租税を回避することも可能です。グローバリゼーションが進行し，企業の海外での活動が自由になった現代では，企業の法人税にはあまり期待できません。

そうなると消費税しか残っていません。消費税のような間接税は，所得税などの直接税に比べて負担感が小さいと考えられています。毎月給料明細に○○万円と書かれてどんと引かれるよりも，買い物するたびに少しずつとられた方が負担感が少ないのです。それゆえ消費税は増税しやすいともいえます。

しかし，税金だけではとても歳出の増加はまかないきれません。当然公債の発行を続けざるをえないでしょう。赤字公債が毎年のように発行され続けます。

赤字公債の発行はさらなる国債費の増加につながります。より借金の支払いや利払いに歳出が割かれていきます。その結果，地方に配分する地方交付税交付金も削減せざるをえなくなります。また公共事業費も削減されていきます。

地方政府に対しては「地方創生」や「地域活性化」などさまざまな施策が要求されますが，結局お金がまわってきませんので停滞が続くでしょう。公共事業費は産業の基盤の整備や新しい産業の基礎研究などに用いられる費用ですが，それが削減されてしまうのは，それらの分野の低迷につながります。

それでも歳出は増えていきますから，さらなる公債発行，国債費の増加という悪循環が続いていきます。

第4部　日本経済の盛衰と課題

第3節　我が国の財政赤字と地方財政

（1）　我が国の財政赤字

　図13.9はわが国の公債残高を表わしたものです

　平成30年度の公債残高は883兆円で，一般会計の約15年分，国民一人当たり700万円。4人家族で2,798万円という金額です。2,798万円だと郊外に一戸建てが建てられるほどの金額です。

　このような多額の公債残高はさまざまな問題を発生させることになります。

　まず「財政の硬直化」という問題が起きてきます。公債や社会保障分野に多くの支出が割かれ，将来のために必要とされる分野，産業基盤の整備や基礎研

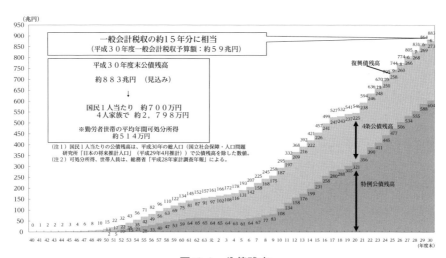

図13.9　公債残高

出所）財務省HPより

究，道路整備や港湾などといったところに十分な投資が行えなくなる問題です。

「**世代間の不公平感**」も拡大してきます。そもそも公債を発行するかどうかを決めたのは現代世代です。その世代は公債を発行することで現在の生活水準を維持することが可能でした。しかし後の世代は，公債の償還のために多くの税金を支払わなくてはなりません。自分たちが決定したわけでもないのに強制的に税金を取られるのです。さらにその税金は自分たちのために使われるわけではありません。公債を持っている人びとのところに移転するだけです。これは不公平以外の何物でもありません。

「制度の**持続可能性（サステナビリティ）**」も問題とされてきます。「このままで大丈夫だろうか？いつか破綻しないだろうか？」という不安です。このような将来への不安は，人びとの行動を消費から貯蓄へとシフトさせ，現在の景気を悪化させていきます。さらに日本国債への不安はより高いプレミアムの要求につながり，高い利払いを必要とし，さらなる財政支出の拡大要因となります。

これらの問題をいかに処理して，活力ある社会の存続を実現していくかが日本の大きな課題といえましょう。

（2） **日本の地方財政**

① 日本の地方自治文化

最後に我が国の地方財政制度についてもみておこうと思います。

あまり学術的ではないのですが日本の地方自治を考えるのにいいたとえ話なので「日本の城と外国の城」の話をしてみたいと思います。

日本の城と外国の城の最も大きな違いは，「街が城の中にあるのか城が街の中にあるのか」です。西欧の場合，城は街をぐるりと取り囲んでいます。パリもロンドンそうなっていますし，中国や韓国もだいたいそうなっています。これに対して日本は街の中に城があります。大阪城も江戸城もそうなっています。

このような城の形に違いがあるのは，"敵" が違うからでした。ヨーロッパや中国の戦争する相手は異民族か異教徒です。言葉も違えば，考え方も違う人種で，その戦争の目的は略奪でした。異教徒の場合には敵の全滅が目的となる

ような非常に凄惨な戦いでした。それゆえ住民は一丸となって戦わなくてはなりません。女も子どもも老人も関係ありません。捕まれば殺されるか奴隷として売られるかです。それゆえ街の周りに強固な城壁を作って，住民，近隣の農民，全員で必死に戦わなくてはなりませんでした。

　これに対して日本の"敵"は同一民族です。同じような顔をして同じ言語で話す人たちです。戦争の目的も"相手の領地を奪って，支配すること"ですから，そこの住民を必要以上に殺したり，ひどい目にあわせたりはしません。

　そもそも戦争をするのはその支配者層だけで，下々の百姓，町民にはあまり関係のないことでした。

　すると住民の政治への参加の仕方変わってきます。ヨーロッパの住民は必死です。リーダーには優秀な人物を選ばなくてはなりません。頭がよく，力強い，指導力のある人物が必要です。作戦についても全員で知恵を出し合わなくてはなりません。積極的に話合いに参加して，自分のアイディアを伝えていく必要がありました。西欧の地方自治や民主主義やリーダーシップはこのような風土から育ったといわれています。「実力のあるリーダーを選ぶこと」「みんなで話し合うこと」「決まったならば全員でそれに従うこと」などです。

　これに対して日本は少し違います。日本の場合"参加"してはいけません。村の農民は「侍になりたい」だの「戦で手柄を立てたい」だのと考えて戦争に参加しなければ，殺されることはありません。自然の豊かな温暖な環境ですから，普通に生活していけばなんとか生きていけます。ですから村のリーダーは血気にはやる若者たちを政治や戦争に参加させないことが大切でした。またリーダーのあり方も，能力とかはあまり関係なく，穏やかに，村のみんなが争わないように「まあまあ」と鎮められるような老人が最適でした。

　このような環境では**地方自治**はあまり育ちません。政治や戦争に関係せず，昔ながらの伝統的な生活を重んじる態度がよしとされてきました。このようななかから「政治には無関心」「政治には参加しない」といった日本人の政治的態度が形成されたといわれています。

② 日本の中央集権制度

地方の支配の仕方も異なっていました。中央政府は京都におかれ，そこにいる貴族たちが「上総守」だとか「下総守」といった領地を与えられ，支配を任されました。しかし，貴族たちは京都から動きません。彼らは自分の代わりに代官を派遣し，領地支配をさせました。そして代官が集めてきた年貢やお金を使って，宮廷で政治工作を行い，より実入りのいい領地を獲得しようとします。

それゆえ，代官の仕事は，「いかに領地から多くの年貢を集めるか」ということになります。もちろん代官は一時的にその領地の支配を任されただけですから，その領地に愛着もなければ住民への愛情もありません。代官のインセンティブは，できるだけ多くの年貢を集めて上司である貴族の覚えをめでたくすることだけでした。

ここでも地方自治といったものは見当たりません。村長はいかに年貢を低くするかといった折衝を代官と行い，村人をまとめるという役を担ってきました。

③ 戦後の地方自治

GHQが日本の租税制度の基礎をつくるために連れてきたシャープが指摘したのが，この日本の地方自治の拙さでした。「地方自治は民主主義の学校」といわれるように，日本に真の民主主義を根付かせるにはまず地方自治から始めなければならないと主張しました。

しかし，この時期，日本では有史以来の人口移動が起きていました。地方の農村部から都市部への大量の若年人口が移動していたのです。

地方では過疎問題が起きていました。住民の流出によって人口が減り，地元産業は大きな打撃をうけており，地方政府の歳入も激減していきます。しかし，歳出の方はあまり減りません。学生が半分になったからといって学校を半分にす

表13.4　過密過疎と財政問題

		歳入	歳出
都市部	過密問題	↗	↗↗
地方	過疎問題	↘	→

るわけにもいきませんし，住民が半分になったからといって道路を半分にはできません。かくして地方政府の多くは財政赤字に陥ります。

一方，人口が流入してきた都市部では過密問題が発生していました。人口が流入したとはいえ，その多くはまだ若年層であり所得はそれほど多くはありません。それほど歳入が増えるわけでもなく，むしろ新しい住宅地の造成，下水道の整備，道路の拡張等々で歳出が急激に増加していきました。

地方部も赤字，都市部も赤字となればそれを補填するのは国（中央政府）しかありません。国から地方に対して，地方交付税交付金，国庫支出金，地方譲与税などさまざまな形での補助金が給付されることになりました。

表13.5は平成29年度の地方財政計画の各費目概要です。総額86.6兆円のうち地方税で賄われるのは41.7兆円で，およそ半分ほどです。国庫支出金は，その使途が法律で決められている国からの補助金で13.5兆円。地方交付税交付金は各地方自治体の財政需要と歳入の差額を補填するように配分される交付金です。

表13.5　平成28年度地方財政収入

平成28年度　地方財政歳入合計（86.6兆円）				
地方税収等	国庫支出金	地方債	その他	差額
41.7兆円	13.5兆円	8.5兆円	5.3兆円	17兆円 （地方交付税交付金） （16.3兆円）
48.5%	15.7%	9.9%	6.2%	19.8%

地方政府の財源の多くは国からの移転財源によってまかなわれる構造になってしまっています。

また多くの地方は国からの公共事業を誘致することで地元の経済を活性化させてきました。それゆえ，首長のなかには地元にいるよりも東京にいて，政府とのパイプを作ることが専らの仕事になっている場合もありました。

このように戦後においても地方政府は財政的にも中央に依存せざるをえず，理想的な地方自治には程遠い状態にあります。

（3） 地方財政の行方

　しかし，今や国（中央政府）自身の財政が厳しくなってきます。もはや国には地方の面倒までみる余裕がなくなってきました。

　1999年には「地方分権一括法」が制定され，自治体の団体自治の充実，国からの権限移譲などがはかられました。

　2001年に成立した小泉内閣では「聖域なき構造改革」の一環として，「地方にできることは地方に」ということで「三位一体改革」が提唱されました。これは ① 国から地方への補助負担金の削減，② 地方交付税の抑制，③ 一部の国税を地方税に移す　という3つの柱からなる改革案でした。

　近年では「ふるさと納税」や「地方創生」などさまざまな取り組みが行われており，地方のオリジナリティのある地域活性化の方策がさまざまに試行されているところです。

　しかし前節の『地方消滅』の話のように地方の衰退は現在かなりの勢いで進行しています。

　「地方のことは地方で…」といってもその地方をになう若い人びとがどんどん少なくなってきています。消滅とまではいかないかもしれませんが，地方の活力が失われつつあることは明らかです。そこに国からの補助金がカットされていきますから，ますます地方は厳しい状態におかれるようになります。

第5部　新自由主義と未来

第14章　新自由主義の時代
第15章　2000年以降の世界（サブプライム
　　　　ローン問題から世界同時不況へ）

　再び時代の流れは自由主義経済の方に向き始めました。新自由主義では「自助努力」「自己責任」「競争重視」「市場重視」「小さな政府」といった，いずれも18世紀の自由主義経済体制において重視された概念が重要とされました。
　そして，この新自由主義のなかからIT革命，グローバリゼーションが生まれ，21世紀の新たな世界が作りだされてきたのです。
　その先駆者であるアメリカは2000年代に再びかつてのような力を取り戻します。IT産業と金融業界を中心とした分野で世界をリードするようになりました。人々はこれを"ニューエコノミー"とよび，永遠に繁栄が続くものと信じていました。
　しかし，2007年に起きたサブプライムローン問題とその後のリーマン・ショックは，アメリカ経済のみならず世界中を混乱に陥れます。
　「時代の変わり目には必ず大暴落がある」といわれています。17世紀のチューリップバブルも，1929年のニューヨーク株式市場の大暴落も，日本のバブル崩壊も，その後にあらわれたのは全く予想もしなかった世界でした。もしそうであるとすると，われわれは今，時代の変わり目を少し過ぎたところにいることになります。

第14章
新自由主義の時代

　1950年代，60年代と全盛を極めたケインズ型マクロ経済政策も1970年代には微妙な問題を生み出していました。このころになると「政府が経済をコントロールする」という経済政策の弊害があらわれてきました。景気安定化政策は競争力のない企業を温存させてきました。行き過ぎた福祉政策はすっかり労働意欲を失わせ生産性を下げていきました。そして民主主義はその制度それ自体のなかに財政赤字を生み出す危険性を持っており，各国は財政赤字を拡大させていきました。1980年代にはいると，このような動きに対して，強烈に「NO！」と言う2人の人物が現れてきます。イギリスのマーガレット・サッチャー首相とアメリカのレーガン大統領です。2人が目指したものは「小さな政府」であり「市場と競争による活力のある社会」でした。この2人の登場により経済は再び方向転換していきます。その目指す方向を**新自由主義**といいます。

　世界は1980年代の新自由主義を経て。グローバリゼーション，IT革命の時代へと向かっていくのです。

● 第1節　「大きな政府」の弊害 ●

（1）　生産性の低下

　ある会社の社長をメージしてください。この会社はここのところ経営不振が続いています。理由は簡単です。設備投資も研究開発もしていないからです。設備投資にはお金がかかりますし，その投資に見合ったリターンが得られるかどうかも心配なので，何もしないまま10年以上も放置していました。明らかに経営者としては失格です。そんな社長が「そろそろ何とかしないといけないな

〜」と思ったとします。さて彼は次のどちらの行動をとるでしょうか？

① 心機一転して，最新の機械を購入する。
② 知り合いの政治家に相談して公共事業を発注してもらう。

答えはもちろん ② です。① みたいなやる気があれば10年も機械を放置したりしません。それよりも手っ取り早いのは，公共事業を発注してもらうことです。こちらならば競争もありませんし，多少古い製品であっても誰も文句はいわないでしょう。こちらの方が確実です。

このように総需要管理政策は競争力のない企業を存続させてしまう可能性を持っています。またこんな感じですから企業と政治家，官僚の癒着がおきやすいという面もありました。これでは第２章でみたシュンペーターの創造的破壊はおきてきません。古い産業がそのまま残り，新しい産業の登場の障害となってしまいます。

1970年代の日本の自動車工場ではオートメーション化が進み，ロボットが組み立て作業に従事している一方で，イギリスもアメリカも，古い工場機械が立ち並び，労働者が手作業で組み立て作業を行っていました。

（２） 労働意欲の低下

1970年代，ロンドンの街はよくゴミで埋まることがありました。街中にゴミがあふれ，人々は路上に積まれたごみの山の間を通って通勤しなければなりませんでした。理由は，公営のゴミ収集業者がしばしばストライキを起こしていたからです。ほぼ毎年のように行われたゴミ収集業者のストライキとそのたびにゴミに埋まる街に，住民はすっかり慣れてしまっていたようです。

イギリスは第二次世界大戦において，ドイツ相手に一歩も引かずに戦いつづけました。ロンドンの街が空襲にあって店が壊されても「今日は店のドアを大きく開けて営業しています」と張り紙をして営業を続けたジョンブル魂は英語の教科書にものっているほどです。

しかし大戦終了後，イギリスは福祉国家に生まれ変わりました。「揺りかごから墓場まで」といわれた手厚い福祉政策が実施されるようになったのです。

さまざまな分野が公営企業によって運営され，失業保険も充実し，働かなくても保険だけで生活できるという夢のような暮らしが実現しました。労働者の権利も大幅に認められるようになり，賃金も上昇していきました。

しかし，その結果がゴミの山でした。働いても働かなくても同じくらいのお金がもらえるのであれば人は働きません。働くインセンティブが起きてこないからです。公営企業の生産性が低いのは当然です。政府が経営する企業ですから厳しいコスト管理はいりませんし，工夫や努力もいりません。そんなところにイノベーションなど起きてくるはずもありません。労働者の権利が大幅に認められるのはいいことかもしれません。しかしその結果，労働者は仕事もしないで「賃金を上げろ！」という要求を繰り返してストライキを多発させるようになりました。しかもそのストライキの期間中も給料は保証されるというのであれば，ストライキをしないはずはありません。

こうした環境が，自分の街をゴミだらけにしても平気なゴミ収集業者を生み出したのです。他の企業も同様です。生産性も大きく衰え，人々から一生懸命に働こうという労働意欲が失われていきました。このようなイギリスの姿は「ヨーロッパの病人」とよばれました。

（3）　総需要管理政策の非対称性

ケインズ型マクロ経済政策もまた問題を抱えていました。**政策の非対称性**という問題です。

総需要管理政策では，不景気の時には，総需要を増やすために，公共投資の増加，減税，金利引き下げといった政策を実施します。これに対して好景気では物価が上昇するので，総需要をおさえるために，公共投資の削減，増税，金利引き上げを実施するというのがセオリーになっています。ところがそうはうまくいかないのです。

第14章　新自由主義の時代

表14.1　ケインズ型マクロ経済政策

	現象	財政政策		金融政策
不景気	失業	公共投資増加	減税	金利引き下げ
好景気	物価上昇	公共投資削減	増税	金利引き上げ

ここで選挙があり、2人の立候補者がいたとします。2人の主張はこうです
A：「今，わが国は好景気で物価が上昇しています。ですから公共投資を減らして，増税をしたいと思います」
B：「今，わが国は好景気で物価が上昇しています。しかし，不景気になるといけないので，さらに公共投資を行い，減税していきたいと思います」

どちら候補者が正しいかといえばAです。しかし，どちらが当選するかといえばBです。Bのいっていることは間違っています。物価上昇時に公共投資や減税をしたら，さらに物価は上昇して事態を悪化させてしまいます。でもわれわれは増税などしてほしくないのです。公共事業を期待している業者も公共事業削減などしてもらっては困るのです。こうしてBが選挙に勝ち，間違った経済政策（間違ってはいてもみんなが喜ぶ経済政策）が実施されていきます。

こうして不況対策は積極的に行われるのに，インフレ（好況時）対策は放置されます。その結果さらに**「大きな政府」**が実現し，ますます非効率な経済システムとなっていきました。

（4）財政民主主義による財政赤字の拡大

財政民主主義については，第7章でみたとおりです。実は，この仕組みのなかに財政赤字を拡大させるメカニズムが存在していました。

また同じような質問です。今，選挙で2人の候補者がいたとします。
A：「私が議員になりましたら福祉を充実させましょう。ただそのための財源として増税は行います」
B：「私が議員になりましたら福祉を充実させます。また減税も行います」

どちらが正直者かといえばAです。福祉を充実にはお金がかかります。その分だけ歳入をどこかで増やさなくてはなりません。だから素直に「増税します」といっています

これに対してBの提案は普通に考えれば不可能です。福祉の充実で歳出が増えているのに，減税で歳入を減らそうというのですから理屈にあいません。

しかし，この理屈に合わないことも公債を発行すればできてしまうのです。

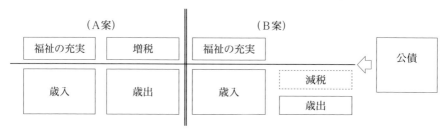

図14.1 財政民主主義による財政赤字の拡大

そうすれば，福祉の充実も減税も可能です。もちろん公債は借金ですから将来の人びとが負担しなくてはなりません。しかし，その将来の人びととは誰なのか決まっていませんし，この選挙とは関係ありません。候補者も選挙する人もこの誰だかわからない"将来の人びと"に負担をさせてしまえばいいわけです。こうして財政赤字が拡大し，さらに"大きな政府"が実現していくことになります。そして将来世代の負担が増えていきます。

(5) イギリスのサッチャー改革

このような「大きな政府」に対して敢然と立ち向かったのがイギリスの**マーガレット・サッチャー**首相（1925-2013）でした。

サッチャー首相は食料雑貨商の家に生まれました。家は敬虔なメソジストで，幼いころから「質素倹約」「自己責任・自助努力」を旨として育ちました。そんな彼女ですから，自分の住む町をゴミだらけにして平気な公営企業や働きもしないでストライキばかりしている労働者，そして何よりもイギリス社会の衰

退には我慢ならないものがありました。1979年の総選挙で「経済の規制緩和」「水道，ガス，電気，通信などの民営化」を掲げて大勝し，英国首相となりました。

1982年に英領フォークランド諸島をアルゼンチンが占拠すると間髪入れずに英国艦隊と爆撃機を派遣し，2カ月足らずの戦闘でアルゼンチン軍を駆逐してしまいました。その強硬な姿勢が英国国民に支持され，任期二期目も快勝，本格的な経済改革に乗り出します。

サッチャー首相の経済政策は"**サッチャリズム**"とよばれる**規制緩和**と**民営化**を柱としていました。

規制緩和により市場には新しい企業が参入するようになりました。また外国企業の市場への参入も許しましたので，地元の企業が外国の企業に淘汰されてしまう「ウィンブルドン効果」ということも起きてきました。それまでさまざまな規制によって守られてきた英国企業は，市場原理に従った厳しい競争をせざるをえなくなったのです。また公営企業も次々と民営化され，国内・海外の企業との競争にさらされることになります。

一方で所得税減税も実施されました。改革以前の所得税は非常に累進性の高い構造になっていました。これでは一生懸命頑張ってもそれに見合うだけの手取りにはなりません。サッチャー首相はその累進性を緩和し，一生懸命に頑張ればそれにみあった報酬が得られるようにし，労働へのインセンティブを高めようとしました。

このような経済政策は**新自由主義**とよばれます。**ミルトン・フリードマン**，**フリードリッヒ・ハイエク**などが提唱した理論で，「政府による規制や経済への介入，富の再分配などを抑制すべきである。競争に基づく市場原理を重視し，適切な資源の配分をはかるべし」というものです。

第二次世界大戦以降の西欧世界では，手厚い福祉政策，政府による積極的な経済への介入，などによる大きな政府が一般的でした。これにより共産主義の理念と対抗し，安定的な資本主義社会を実現しようとしてきたのです。

しかしその結果が，企業家精神の欠如，労働意欲の減少，財政赤字の拡大など，先にみたような弊害でした。新自由主義は，「これではだめだ。競争原理に基づいた市場経済に戻らなくてはならない。そのためには政府の必要以上の介入を抑制しなくてはならない。必要以上の所得再分配も人びとの意欲を阻害している。頑張った人びとにはそれに見合った報酬が約束されるようなインセンティブが与えられる社会でなくてはならない」と考えたのです。

こうして，「大きな政府」から「小さな政府」へ，「政府の積極的介入」から「自由放任」へ，「政府による保護」から「自助努力」へと，再び経済は自由主義経済へと舵がきられていきました。

第2節　アメリカの新自由主義の展開

（1）　アメリカの低迷

1960年代までのアメリカは世界中のあこがれでした。第二次世界大戦では大西洋でドイツと戦い，太平洋では日本に勝利し，世界に並ぶもののない大国になりました。この時期，アメリカのGDPは世界の3分の1を占める大きさとなっていました。まさに自由主義社会・資本主義社会のリーダーでした。

アメリカ人の方でも「自分たちは文明の最先端にいる。いつか世界はアメリカのようにさまざまな人種が一緒に暮らすような社会になる。だからアメリカは世界をリードしていかなくてはならない」といった使命感を持っていました。

しかし，1960年代の中ごろからその理念が揺らぎ始めます。原因は**ベトナム戦争**でした。当時ベトナムは北と南に分かれており，アメリカは南ベトナムを支援していましたが，その南ベトナムで共産主義勢力の解放戦線が力をつけると，アメリカ軍も介入を強め，泥沼の戦いになっていきました。

ケネディ，ジョンソン，ニクソンの三代大統領にわたり，延べ人数54万人以上，7,380億ドルもの戦費を投入しても勝てないのです。多くの若者が戦死し，無事に帰還しても戦争の後遺症からかドラックなどに手を出すなど，アメリカ社会に大きな影響を与えました。この時期からアメリカの掲げる大義や自信のようなものが揺らぎはじめてきていました。

第14章　新自由主義の時代

　決定的だったのが，1977年から81年までのカーター政権でした。カーター大統領は53歳という若さで大統領に就任し，さわやかな笑顔で人気をえてきました。このカーター大統領が推し進めたのが人権外交でした。アメリカ的民主主義の理念を世界中に広めるとともに人権を抑圧する国々を非難し，人権を擁護するというものです。しかし1979年のイラン革命とそれに続くアメリカ大使館人質事件，さらにはアフガニスタンへのソ連の進行などが続き，人びとにアメリカのパワーが相対的に低下してきたことを印象づけました。「もはやアメリカの時代は終わったのではないか」という思いが広がっていきました。

（2）　レーガン大統領の登場

　そんななかで第40代大統領として就任したのが共和党の**ロナルド・レーガン**（1911-2004）でした。このレーガンは2つの特徴を持っていました。ひとつは歴代第2位の高齢で大統領になったこと（69歳）です。もうひとつが元映画俳優であったことです。若くてさわやかなカーターに対する反動でしょうか，老練で頼もしい，いかにもアメリカのおじさんという印象の人物でした。

　しかし，レーガンは当初，非常に不人気でした。高齢であるというのもありますが，不吉なうわさもありました。歴代アメリカ大統領は20年おきに死ぬというジンクスです。ケネディは1960年に暗殺され，1940年にはルーズベルトが急死，その前のハーディングも1920年に急死，1900年にはマッキンリーは暗殺と続いています。高齢の上にこのような不吉なジンクスまで存在しており，レーガンの大統領就任も当初はあまり期待されていませんでした。

　そして本当に撃たれました。1981年3月30日，ワシントンD.Cのヒルトンホテルから出てきたところを銃撃されたのです。会議を終えて会場をあとにしようとする大統領を映そうと並んだテレビカメラの前での出来事でした。そのため，世界中に大統領銃撃の瞬間が放映されてしまいました。そしてその高齢を考えると誰もが最悪の事態を想定していました。

　しかし，レーガンは奇跡的に一命をとりとめます。そればかりか緊急手術を担当する執刀医に対して「諸君がみんな共和党だといいんだけど」などといっ

たり，救急車のなかで看護婦の手を握り「ナンシーには内緒だよ」ジョークを飛ばしたりしたタフさが報道されると，国民の間で急激に人気が上昇していきました。

（3） レーガノミクスとSDI防衛構想

そのレーガンがスローガンとしたのが「**強いアメリカ**」でした。「やはりアメリカは強くなくてはならない。経済も軍事も他国に対して強くあらねばアメリカではない」というのがその主張でした。

「強いアメリカ」ですから，まずは軍事力の強化が必要です。しかしそれは空軍とか海軍とかいう話ではありませんでした。なんと宇宙の分野に進出しようとしたのです。それが**SDI防衛構想**でした。SDI防衛構想では，衛星軌道上に監視衛生を打ち上げて他国から飛んでくるミサイルに備えます。もしミサイルを発見したならば，ただちに地上や海上・海中の迎撃システムと連動し，他国からのミサイルの迎撃，ミサイル発射国への反撃を実施します。まだパソコンなどなかった時代のことです。あまりにも空想的すぎて「スターウォーズ計画」という通称がつけられるほどでした。

もうひとつが**レーガノミクス**とよばれる規制緩和と大型の所得税減税でした。これがどういうものであるかについては有名な逸話が語られています。

ある日，レーガン大統領がラッファー教授と昼食をとっていました。このときレーガン大統領はラッファー教授に「どうしたらアメリカ経済はよくなるのか？」とたずねたそうです。それに対してラッファー教授はそこにあったナプキンに図14.2のような図を描いて見せました。

ラッファーはたずねます。「大統領，税率が0％であれば，税収はいかほど集まりますか？」。レーガンは答えます。「税率が0％なら，税収など集まるはずないだろう」そこで再びラッファーがたずねます。「大統領，では税率を100％にしたらどうでしょうか？」レーガンが答えます。「100％なんかにしたら，みんな税金で持っていかれてしまうぞ。そうなったら誰も働かなくなるぞ」

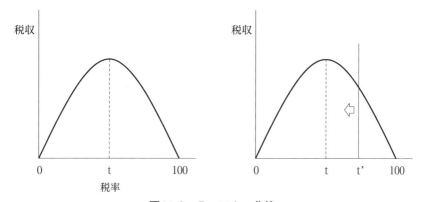

図14.2　ラッファー曲線

そこですかさずラッファーはいいます。「その通りです。だとしたならば，0と100の間に，みんなが一生懸命に働いて，なおかつ最高の税収を得られる最適な税率（t）があるはずです。しかし，アメリカの現在の税率はここ（t'）にあります。もし大統領がアメリカ経済の活性化を望むのであれば，減税を実施してみんなのやる気を出させる必要があります。同様に今のアメリカにはさまざまな規制がありすぎて企業の生産性が落ちてしまっています。規制緩和も同時にすすめるべきです」これが有名な**ラッファー曲線**です。

実はこのような場面は実際にはありませんでした。1974年にラッファーと，ロバート・マンデル（コロンビア大学教授）がジュード・ワニスキー（アメリカのジャーナリスト）に概念を説明した際にこの図14.2をかいたというのが事実で，ジュードはその後，この考え方を**「サプライサイド経済学」**と命名しました。ただ，新自由主義の考え方とアメリカが1980年代に実施したレーガノミクスの内容を端的に表現したものとして伝説になったようです。

このような理論を背景として，1980年代のアメリカでは大型の所得税減税と規制緩和が実施されていきました。

（4） 1980年代のアメリカ

とはいえレーガンが大統領に在任中には全くレーガノミクスは成果を上げられませんでした。いや，むしろ悪化してしまったといえるかもしれません。

実質 GDP については年度ごとにばらつきが大きくなってしまっています。

最も問題なのは財政赤字でした。レーガノミクスが，軍備の拡張などで財政支出を拡大する一方で大幅な所得税減税を実施していたわけですから，財政赤字が拡大するのは目に見えていました。このような「減税するから歳入が増える」というサプライサイド経済学は，次のブッシュに「ブードゥー（まじない）経済学」と揶揄されました。

このように1980年代のアメリカ経済は，財政赤字に貿易収支赤字も加わり「双子の赤字」に苦しみながら推移していきました。

● 第3節　グローバリゼーションと IT 革命の胎動 ●

1980年代にはあまり効果がみられなかったレーガノミクスでしたが，1990年代に入ると世界的な大きな変化を引き起こし始めます。IT 革命とグローバリゼーションです。

SDI 防衛構想は非常にお金のかかるものでした。アメリカは，監視衛星を打ち上げる以外にも大陸間弾道ミサイル，世界中に展開する原子力空母艦隊群，ミサイルを積んだ潜水艦の配備などをすすめ，共産主義国を包囲していきました。アメリカと冷戦状態にあるソ連の方も同じだけの軍備を持たなくてはなりません。そうしなければ軍事バランスが崩れてしまいます。アメリカがミサイルを100基作れば，ソ連も100基作らなくてはならないのです。その結果，アメリカとソ連の2カ国の保有するミサイルだけで人類が30回以上も滅べるという驚異的な破壊力を持つに至ります。

しかし，それはソ連経済を疲弊させていきました。ソ連は計画経済においてその資源の多くを軍事分野に割かねばなりません。当然，他の農業，工業といった分野にまわす資源が減少せざるをえません。ただでさえ1980年代には計画経済の欠点が色々と現れ始めていました。労働者のインセンティブの確保，

第14章　新自由主義の時代

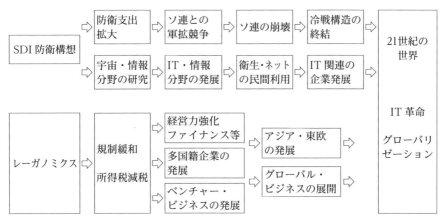

図14.3　IT革命とグローバリゼーションの発展

時代遅れの技術，いきすぎた官僚制の弊害，計画的分配の失敗などがあらわれてきていました。ゴルバチョフ書記長はこれらの問題に対処しようと一部に市場経済を導入したペレストロイカという政策を実施しますが，結局1991年12月，ソビエト連邦は解体していきます。ここに戦後40年以上も続いてきた冷戦体制が崩壊したのです。世界中が市場経済体制に変わりました。この世界中が資本主義経済で結ばれた状態を**グローバリゼーション**といいます。

一方で，1980年代にはSDI防衛構想により宇宙分野と情報分野の研究開発が進められてきました。そもそも企業は宇宙とか情報といった分野の研究開発には躊躇しがちです。莫大な研究開発費に見合った利益が得られるかどうか非常に不確定だからです。しかし，アメリカでは政府が中心になってこれらの研究が進められてきました。スペースシャトル計画も，人工衛星の打ち上げも，ミサイル基地と軍事基地を結びつけるアメリカ中に張り巡らされた情報ハイウェイも，すべて採算度外視で実施されました。民間企業の研究開発ではなされないような研究と大規模な設備

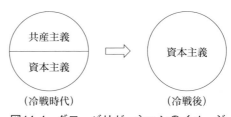

図14.4　グローバリゼーションのイメージ

投資が行われてきたのです。

　ところが，仮想敵国のソ連が崩壊してしまいました。突然これらの設備が不必要になってしまったのです。敵がいなくなってしまったわけですから，もう監視衛星も必要ありません。迎撃システムもいりませんし，ミサイル基地を結びつけた情報ハイウェイもいらなくなってしまったのです。

　そこで，それらを民間も利用できるようにしました。基地を結んだ情報ハイウェイはインターネットとして使われるようになりました。監視衛星は民間の放送局ないし通信企業が利用できるようにしたのです。GPS機能やGoogleマップなどもこのおかげです。このような通常では民間企業が提供しえないような設備投資を企業や個人が利用できるようになったことでIT社会とグローバリゼーションの世界の扉が突然に開きました。このような動きは瞬く間に世界中に広がっていきました。

　レーガノミクスの方も新自由主義という新たな風潮を生み，続々と新企業が生み出されてきました。

　まず経営力の強化がはかられました。当時，IT部品の分野では「アメリカが日本の企業に追いつくには10年以上かかる」といわれていました。基礎研究から始めて応用研究，実際の商品化等のプロセスを等，日本に追いつくにはそれぐらいの差があったといわれています。しかしアメリカの企業家は「10年先ではなく，明日勝つにはどうしたらいいのか？」と考えました。そしてその答えが"ファイナンス"でした。真っ正直に研究開発しても10年かかるのであれば，いっそその会社ごと買い取ってしまえ！という発想です。

　レーガノミクスの規制緩和と所得税減税は，アメリカ国内の競争を激化させました。それまで参入が規制されていた垣根が取り払われ，自由に競争が行われるようになってきたのです。とりわけ証券や保険，銀行といった金融の分野で規制緩和が進みました。そのなかで多額の資金を集め（ファイナンスし），それを用いた企業買収や乗っ取りといったと手法が開発されてきたのです。これが後に"レバレッジ"や"金融工学"といった分野に進化していきます。1990年のアメリカはこれらの分野が急速に発展していきました。

第14章　新自由主義の時代

　もちろん発展してきたのはファイナンスだけではありません。1990年代からアメリカの大学ではMBA（経営学修士）が人気を博しており，専門的，合理的な経営手法が研究され，普及していました。

　競争の激化とインターネットの普及，グローバリゼーションといった一連の流れは**多国籍企業**も発展させました。アメリカ国内で展開される激烈な競争のなかで，海外に生産拠点を置く企業があらわれてきました。本社はニューヨークに置かれるけれども工場はメキシコに置かれるといった感じです。そしてさらにそれが発展し，世界中のどこにでも拠点をおくことができ，最も有利な条件で生産体制を構築できる多国籍企業があらわれてきたのです。

　多国籍企業の進出した地域もまた発展していきました。

　もともと発展途上国の農村地域では多くの余剰労働力を抱えていました。子供が多いうえに働く場所もなく，農業のみに頼るという暮らしです。そこに突然，多国籍企業の工場が建設されたとしましょう。余っていた余剰労働力はこの工場で雇用されるようになります。雇用されて働けば賃金がもらえます。労働者たちはこの賃金を使って服を買ったり，食事をしたりしますから，多くの商店が工場の周りに集まってきます。なかには工場で働いた知識や経験を活かして，自分で企業を始める者も現れてきます。やがて多くの人びとがこの地域に住むようになり，住宅地が建設されるようになります。こうしてあっという間に農村地域が都市に変貌していきました

　このような多国籍企業が最も多く集まってきたのが中国沿岸部をはじめとするアジア地域でした。中国はそれまで一国社会主義路線を掲げ，自国内の産業育成に努力してきました。「我が国は，資源も人口も土地も豊富にあるのだから発展できないわけがない」ということで頑張ってきました。しかし発展のためには資本と技術が必要です。中国にはこの2つが欠けていました。

　しかし毛沢東から鄧小平に権力が移行すると**改革開放路線**が進められるようになります。沿岸部の一部が外国の企業に開放され，外国企業の活動が行われるようになりました。その効果は絶大であっという間に農村地帯が工場地帯に変わり，都市が形成されていきました。多国籍企業は資本も技術も持ってきて

くれるのです。かくして沿岸部での改革開放が着実に進み多くの企業が進出し、そのなかから経営のノウハウや富を蓄積した人びとが地元に企業を作り，爆発的な発展を実現してゆきました。

東欧地域にも多くの多国籍企業が進出しました。これらの地域はもともとはソ連の軍事力にがっちりとつかまれていた国でした。しかし教育水準が高く，労働者の質は高かったそうです。またたく間に，地域の発展が実現していきました。

こうして世界中がひとつの市場として結び付けられ，そのなかで多国籍企業が活躍するという時代になってきたのです。

また規制緩和は多くのベンチャービジネスも生み出しました。この時期，GoogleやYahoo，マイクロソフトといったIT企業の創始者はベンチャー企業から身を起こしています。彼らの多くは工業大学の出身者であり，大学で学んだ先端技術をもとに会社を発展させていきました，

従来，企業を作るにはある程度の資本金がなくてはなりませんでしたが，レーガノミクスの規制緩和により，大学生でも企業の設立が可能となってきました。彼らは利用可能となったインターネットや人工衛星などを自由に使い，IT技術を次々と発展させていったのです。

こうしてアメリカは1990年代に復活しました。グローバリゼーションの進展する世界にあってIT技術とファイナンスを大いに発展させ**ニューエコノミー**とよばれる繁栄を実現していったのです。

第15章
2000年以降の世界
(サブプライムローン問題から世界同時不況へ)

　1990年代末期，アメリカは戦後最長の景気拡張の最中にありました。新興国では経済危機が起きていましたが，それとは対照的にアメリカへの信頼は高まっていました。「もはやアメリカにおいて景気後退はなくなった」「ITによる景気拡大は永遠に続く」といった「ニューエコノミー論」とよばれる楽観論がアメリカ国内を支配していました。

　しかし，2007年におきたリーマン・ショックはそんなアメリカの自信を打ちくだき，世界中を大混乱に陥れてしまいました。

　「時代の変わり目には必ず大暴落がある」といわれています。1636年から1637年におきたオランダのチューリップバブル，1929年のアメリカ発の大恐慌，1990年の日本のバブル崩壊など，新しい時代が始まる前には必ず市場の大暴落が発生してきました。その意味で現代の世界は，リーマンショック後の世界同時不況後の世界ということになるかと思われます。

第1節　アジア通貨危機

(1)　貨幣とは何か

　「まず貨幣とはなにか？」といったことからみていきましょう。次のなかで「貨幣」として利用できないものはどれでしょうか

① ヤップ島の大きな石
② 貝
③ タバコ
④ 「こども銀行」と書いてあるお札

　答えは「こども銀行」のお札です。他のはみんなお金として流通していまし

た。ヤップ島の石の貨幣はものすごく大きな貨幣で，移動させるときは真ん中の穴に木をいれて持ち運びます。貝は古代中国で貨幣として用いられました。タバコも刑務所とか軍隊とか特別な環境で貨幣として使われていました。しかし「こども銀行」の紙幣だけは通貨として使われたことはありません。

「あるものが貨幣として成り立ち，あるものが貨幣とならないか」は，「みんながそれを貨幣とみなすかどうか」ということに関わっています。すなわち"信用"されているかどうかです。たとえばオーストリアのマリア・テレジアの発行したマリア・テレジア・ターラーという通貨は本国オーストリアだけでなく，中近東やアフリカでも通貨として流通したそうです。それは現地の人びとに「これは通貨として用いることができる」と信用されていたからです。それゆえ，中世ヨーロッパでは贋金つくりは極刑でした。誰もが「この通貨は大丈夫か？」と不安を持ってしまえば，その通貨は信用を失い，モノの交換は行われず，その国の経済は崩壊してしまうからです。

貨幣と認められるには少なくとも以下の３つの機能が必要です。
① 価値交換機能（交換に使えるものであること）
② 価値尺度機能（モノの価値をことができるものであること）
③ 価値保存機能（長期間保管しても価値が減らないものであること）

① の交換機のためには持ち運びが便利で，なおかつみんなが「価値がある」と評価してくれるものである必要がありました。ヤップ島の石のお金は少し難がありますが，貝などは，海から遠い黄河流域の夏や殷といった古代中国では貴重品として評価されました。② の価値尺度となるためには，そのモノ自体の価値が大きく変動してしまうと困ります。安定的価値を維持できるものでなくては困ります。③ の価値保存機能のためには，腐ったり，消えてしまうものでは困ります。長い間保存しておけるものでなくてはなりません。古代から金や銀といった貴金属が貨幣に用いられるのはそのためで，木や骨といったものは貨幣には向きませんでした。

このように貨幣の三機能が実現され，みんなに「貨幣である」と認識されるものであれば，どんなものでも貨幣となることができます。

第15章　2000年以降の世界（サブプライムローン問題から世界同時不況へ）

　現代では貨幣はその実体すらなくなってしまっています。電子マネーや仮想通貨などはその典型です。実体がなくても，上記の貨幣の三機能が満たされて，みんなが「これは貨幣である」とみとめれば，貨幣になってしまうのです。
　このようにみてくると，「貨幣とは**信用**である」といえます。実体があるかないかに関係なく，たとえそれが単なる電子空間上の記号にすぎなかったとしても，われわれがそれを貨幣であるとみとめていれば，貨幣になってしまうのです。それゆえ貨幣のやり取りというのは信用のやり取りに他なりません。
　これから述べる「アジア通貨危機」も「サブプライムローン問題」も最終的には，この信用が危機にさらされた事件といえます。

（２）　外国為替市場

　「アジア通貨危機」の話をする前に**外国為替**制度について述べておく必要があります。
　為替レートは貿易収支によって変動します。
　日本がアメリカからモノを買うとき，日本円では買えません。ドルを手にいれなくてはなりません。そこで「円を売ってドルを買う」という作業を行わなくてはなりません。円もドルも市場においてはひとつの財です。円が売られれば「円の供給が増えた」わけですから，価格は下がります。ドルが買われれば「ドルの需要が増えた」ことになり，ドルの価値が上がります。こうして「円安ドル高」となっていきます。すなわち，日本からの輸出が増えれば円高に動き，日本の輸入が増えれば円安に動きます
　また，その国の利子率も為替レートに関係してきます。たとえば，日本の利子率が１％であるのに対してアメリカが10％の利子だったとします。この場合，どちらに預金（投資）した方が有利でしょうか。私なら「なんか面倒そうだし，英語でのやりとりも難しそうだから日本に預金しとくわ」とするところです。一般の人びともそうだと思います。しかし機関投資家という国際金融のエキスパートたちは違います。すかさずアメリカに貯金（投資）しようとします。このときも円では預金（投資）できないので「円売りドル買い」が行われ，「円

安ドル高」になっていきます。ここでは利子率と預金を例にだしましたが，実際にこれらの機関投資家が買うのは国債とか株とかのさまざまな債券です。しかしそれらの債権の利回りも，その国の利子率と連動していますので，「利子率によって変動する」といってもいいかと思います。利子率が高くなればその国の為替レートは上がり，利子率が下がればその国の為替レートは下がっていきます。機関投資家たちの運用するマネーは瞬時になおかつ大量に移動しており，グローバリゼーションとIT革命による電子化により，ますます多額の金額がものすごいスピードで移動していくようになりました。

　では，単純に利子率が高ければそれでいいかというとそうでもありません。リスクということも考えなくてはなりません。たとえば「日本の利子率が1％，ソマリアの利子率を30％」としましょう。上記の金融取引上の一切の手続きの面倒さがなかったとして，あなたはどちらに預金しますか？　私なら絶対にソマリアには預金しません。突然の戦争で私の預金した銀行がなくなってしまうかもしれませんし，インフレが起きてソマリアの通貨価値がゼロになってしまうかもしれません。とにかくなにかものすごく不安なものがあります。多分，機関投資家の方もそうでしょう。このようにその国の経済状況への不安はカントリーリスクといわれます。

　その国の為替レートはその国の貿易収支や利子率をはじめとする投資条件，そしてカントリーリスクを反映した，総合的な判断によって決定されてきます。

　戦後のブレトンウッズ体制のもとでは固定相場制が維持されてきました。固定相場制というのは為替レートを一定の水準に固定しようとするものです。しかし，上記のように為替レートは放置しておけば変動するものです。そこで固定相場制を維持するためには，政府・金融当局が介入して為替レートを一定に保たなくてはなりません。戦後のブレトンウッズ体制では，金とドルの交換レートを定め，そのドルと各国の通貨の交換レートを定めることで固定相場制が維持されてきました。

　ところが1960年代中頃からアメリカは巨額の貿易赤字を出し続けます。巨額の貿易赤字は，各国に不安を与えます。「いくらドルと金を一定比率で交換し

てくれるといっても…ドル大丈夫かなあ」「一応，ドルで支払ってもらったけど，円やマルクの方が…」と各国が思うようになると，アメリカから金の流出が続くようになりました。それがさらにドルの価値を不安にさせていきました。これを**ドル不安**といいます。

これに対してニクソン大統領が1971年に**金ドル兌換停止**を発表（ニクソンショック）しました。その結果，世界は一気に大混乱に陥ります。基軸通貨がドルと交換してもらえなくなったわけですから当然の大混乱です。

緊急に各国蔵相がニューヨークのスミソニアン博物館に集まり対策を検討しました。そこで行われた合意事項をスミソニアン合意といいます。この合意では，ドルの切り下げがはかられることが決定されました。ドルは，今までの1ドル＝360円から1ドル＝308円に引き下げられました。しかし，1972年に再びドル不安が世界中で発生すると，もはやどうしようもなく，為替市場は変動相場制に移行していきました。（第12章参照）

ただいくつかの国ではドルペッグ制といって完全に変動相場制にならずに，一定の範囲でドルとリンクしているという制度をとっていました。

（3）　アジア通貨危機

先物市場についても簡単な説明が必要です。たとえば，3カ月後にアメリカから1万ドルで車を買うとします。今の為替レートが「1ドル＝100円」ならば100万円です。しかし変動相場制の下では為替レートは常に変動します。「1ドル＝200円」になったら200万円ですし，「1ドル＝50円」ならば50万円になります。これではあまりにリスクが高すぎます。そこで，今から「3カ月後に1ドル＝100円のレートで1万ドルを買う」と"約束"しておきます。このような将来の"約束"を取引する市場を**先物市場**といいます。あくまで約束ですから現金はいりません。手付金として10％程度の10万円を支払っておけばいいだけです。先物とはいえ市場ですので，買い注文があれば値上がりしますし，売る注文があれば値下がりします。するとこうなります。

「1億円の現金があれば，先物市場で10億円まで"円買いドル売り"ができ

る。10億円分ものドルを売ったら，間違いなく先物市場はドル安にできる。」

ここで3カ月後の先物市場が「1ドル＝50円」のドル安になったとします。

3カ月後に「1ドル＝50円」になるのであれば，今のうちにドルを売っておいた方が有利です。そこで現在の為替市場でも「円買いドル売り」が起き，現実の為替レートも下がっていきます。

このような為替レートの操作によって，**ヘッジファンド**が利益を得ようとした結果，引き起こされたのが**アジア通貨危機**でした。

1972年の変動相場制移行後も多くの国がドルペック制をとっていました。アジア通貨危機の震源地となったタイもそのひとつです。1990年以降タイ経済は順調に推移してきました。平均経済成長率9％を記録しており，驚異的な成長率を実現してきたのです。しかし1996年に入るとその成長にも陰りが見え始めました。そこにヘッジファンドは狙いをつけます。「バーツはドルペック制の下で高く評価されすぎている。それを突き崩せばバーツは暴落して，大きな利益が手に入るぞ」と目論んだのです。

1997年5月14日からヘッジファンドによるバーツ売りの攻勢が開始されました。タイバーツの先物が売られ，先物市場の下落に引きずられる形で実際の為替レートにも下げ圧力がかかります。これに対してタイ銀行は通貨切り下げを阻止すべく外貨準備も切り崩し，バーツを買い支えます。しかし7月2日にはもはや買い支えることができずに変動相場制へと移行していきました。

その結果，1ドル＝24.5バーツだったバーツの為替レートが，1998年1月には1ドル＝56バーツまで下落してしまいました。これがもとで好調であったタイ経済が一機に冷え込み，バーツ経済圏のミャンマー，ベトナム，ラオス，カンボジアまで大打撃をうけました。

これは一国の通貨当局が民間のヘッジファンドに敗北を喫したことを意味しています。

グローバリゼーションとIT革命は，世界中をひとつの市場とし，そのなかで自由な取引を行うことが可能となりました。そしてそういう動きに最も適合するのがマネー（お金）でした。モノも取引には空間的・時間的制約が存在し

ています。モノの売り買いには輸送が必要であり、時間と手間がかかります。しかしマネーにはそんな制約はありません。ボタンひとつで何億円でも一瞬にして移動が可能です。「この債権が有利だ」「この国の通貨は割安だ」となれば一瞬で世界中からお金が集まってきます。その取引額は実際の貿易やモノの取引の何十倍もの大きさとなっています。

　このように実体を伴わないマネーの投機的な動きを**カジノ経済**とよびます。このカジノ経済が21世紀のグローバリゼーションのひとつの特徴です。

　そして、ヘッジファンドのこのような動きはとどまるところを知りませんでした。次のターゲットとなったマレーシアでも1997年、7月からリンギットが売られ8月17日にはやはり変動相場制に移行しなくてはなりませんでした。

　同じようにインドネシアもフィリピンもヘッジファンドの攻撃の対象とされ、その影響は韓国にまで及びました。特に韓国ではこの通貨危機を「朝鮮戦争以来の最大の国難」とよんだほどでした。

第2節　サブプライムローン問題と金融危機・世界同時不況

(1)　世界的カネ余り現象

　2007年に起きたサブプライムローン問題の発端は世界的なカネ余り現象でした。先のアジア通貨危機の後、アジア経済は回復基調にありました。とりわけ中国は大きな被害を受けることなく順調に発展を続けていました。アメリカも、アジア諸国の危機に対して好景気を維持し続けており、良好なパフォーマンスを維持していました。このような世界的好景気を背景に世界中でお金が余っていました。

　まず中国でお金が余っていました。当時の中国では「21世紀の世界の工場」とよばれるほど多くの財を輸出していましたが、その多くはアメリカ向けの輸出であり、対米貿易黒字が積みあがっていたのです。このドルが再びアメリカの金融市場に還流されていきました。これをチャイナマネーといいます。

　日本もお金が余っていました。余っていたというのとは少し違うかもしれません。当時の日本は打ち続く不景気のなかで低金利政策が続けられており、こ

の低い金利を維持するために多くのマネーが流通していました。この国内に行き場を失ったマネーがアメリカに向かっていったのです。これをジャパンマネーといいます。

　中東諸国にもお金が余っていました。世界経済の好循環のなか，中国，ロシア，ブラジル，インドといったBRICs諸国，東南アジア諸国などの経済発展は石油の需要を増やしており，産油国に多額のマネーが流れ込んできていました。これらのお金も行き場を失っており，ヨーロッパ経由でアメリカの金融市場に向かいました。これがオイルマネーとよばれるものです。

　アメリカの金融市場には世界中からこのようなマネーが集まってきていました。アメリカ国内でお金が余っていたのです。

（2）　サブプライムローン問題のメカニズム
①　サブプライムローン層への貸出開

　そこで始まったのが「サブプライム層」に対する貸出でした。**"サブプライム"** とは通常の住宅ローン審査には通らないような人びとのことをいいます。たとえば，所得に対する借入が50％以上の人，過去1年間に30日間の延滞が2回以上あった人，過去5年間に破産したことのある人などで，貸出を行っても返済が可能かどうかというリスクを持った人たちです。リスクが高い以上，その返済のための利子も通常よりも高く設定されています。

　お金の余ったアメリカの金融機関は，このような人たちにまで融資をするようになりました。

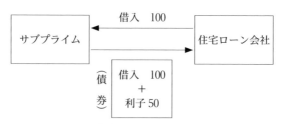

図15.1　サブプライムローン問題　その1

第15章　2000年以降の世界（サブプライムローン問題から世界同時不況へ）

　このサブプライム層への貸し出しを主に行ったのが住宅ローン会社でした。今も昔もアメリカ人の夢は郊外に庭付きの一戸建てを建てて，休みの日には庭で大工仕事をするか，家族でテレビをみるかといったもののようです。

　さてサブプライム層は住宅を建てるためにお金を借りましたが，ただでは貸してくれません。ちゃんと利子を支払いつつ返済していかなくてはなりません。サブプライム層に対してはこの利子が高く設定されています。ここではわかりやすく50にします。

　そこで住宅ローン会社は「私はあなたから100のお金をかりました。利子50をつけて返済します」という借用書ももらいます。これは住宅ローン会社からみれば，利益を生んでくれる"かもしれない"債券ということになります。

② 住宅ローン会社のリスク回避―投資信託会社の登場―

　しかし住宅ローン会社にとっては，この債権は非常にリスキーなものです。利子率が高く設定されていますので，借りた人たちがちゃんと返してくれれば，通常よりも高いリターンが得られます。しかし，サブプライム層の人たちは，過去に破産したり，過去1年間に30日間の延滞が2回以上あったような人たちです。ちゃんと返してくれるかどうか非常に不安なところです。

　そこに次の登場人物があらわれます。投資信託会社です。

　投資信託会社は住宅ローン会社にこう話を持ち掛けます。

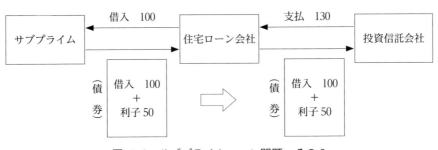

図15.2　サブプライムローン問題　その2

「サブプライム層の人たちですから借金を返済してくれるかわかりませんよね〜不安ですよね〜。それでしたら，どうですか，その債券（借用書）を私に売ってくれませんか？　ただ150（借入100＋利子50）というわけにいきませんが，まあ130くらいでいかがですか？」

　ここで，住宅ローン会社の社長になったつもり考えてみましょう。サブプライム層がちゃんと返済してくれれば50の利益（利子）が得られます。しかし夜逃げとか破産とからされてしまえばゼロです。まるまる損してしまいます。ゼロか50かという非常にリスキーな賭けになります。しかし，この債権を投資信託会社に売れば，少なくとも30（債券の売値130－貸出金100）だけは確実に得ることができます。どちらを選びますか？

　私なら絶対に投資信託会社に売ります。損をするリスクは負わずに確実に利益を得られる方を選びます。住宅ローン会社の社長もそのように決断しました。

　かくして債権は投資信託会社に売られ，住宅ローン会社は30の利益を手にいれました。

　もはや住宅ローン会社には何のリスクもありません。仮にサブプライム層が借金の返済ができなくなったとしても困るのは投資信託会社です。住宅ローン会社は借金の返済の催促すらもする必要もありません。

　ここにひとつ目の"無責任"が発生します。通常，金融の貸出いうものはしっかりとした審査を行ったうえで判断します。「将来有望な企業や人に融資を行うことで，必要な資源をそこに提供していく」というのが金融の役割なのです。相手かまわずお金を貸していたならば，あっというまに破綻してしまいますし，必要な資金を将来有望なところに充てることもできません。

　しかし「貸出した債券はみんな投資信託会社が買ってくれる」という奇妙な仕組みができてしまいました。住宅ローン会社は貸出をすればするほど儲かります。もはやどんな相手でもかまいません。返済不能のリスクは投資信託会社が負ってくれます。自分たちはただひたすら貸出を行い，もらった債権を投資信託会社に売るだけでいいのです。何のリスクもありません。このような金融機関にあるまじき"無責任"が広がっていきました。そんな無責任な貸出を

行った人たちが"やり手"とされ，巨額のボーナスを手にしていたのです。

③　投資信託会社からヘッジファンドへ

　投資信託会社は，住宅ローン会社から，サブプライム層への貸出債券（以下，「サブプライムローン」とよびます）を購入しました。これは住宅ローン会社から，利益（利子）を得られる可能性と同時に返済不履行という大きなリスクも買いとったことを意味します。では投資信託会社はどのようにこのリスクに対処していったのでしょうか。ここに2つ目の"無責任"が行われることになります。

　投資信託会社の仕事は，顧客からお金を預かり資産運用を行うことです。具体的にいえばファンドマネージャーという資産運用の専門家が，さまざまな投資対象に分散投資（これをポートフォーリオといいます）をする計画を立て，顧客を募集します。たとえば，日本国債に50％，アメリカの株式市場に30％，インドの株式市場に20％の投資を計画します。そして，「この方式で資産運用を行います。この投資に参加する人はこのファンドを買ってください」とやるわけです。

　このファンドのなかにサブプライムローンを組み込んでしまったのです。

　投資信託会社はさまざまなところから債券を集めてきます。サブプライムローンだけでなく，一般の人びとを対象としたプライムローン，国債や株券などさまざまな債券を購入してきます。ここで，図15.3のように投資信託会社が360のお金を支払って，400の価値を持つ債券を集めてきたとしましょう。投資信託会社はこれをひとつのファンドとして，顧客に売り出します。

　すなわち，さまざまな債券を"混ぜて"それを"分けて（証券化）"，顧客に売り出したのです。

　もしすべてのファンドが販売されたとしたら，投資信託会社は40（400－360）の利益を得られることになります。

　こうして，サブプライムローンを混ぜ込んだファンドが世界中に売られていきました。

　たとえていえば，大きな鍋のなかに毒薬をほんの1滴垂らしたようなもので

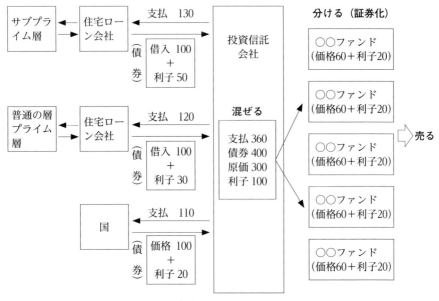

図15.3　サブプライムローン問題　その3

す。それがサブプライムローンのような危険な債券であったとしても，他に国債などの安全資産を混ぜていればその危険性は薄れ，安定度Sランクと評価されてしまいます。そして，この"毒薬"は少しずつ増やされてきました

　このファンドを購入して運用したのが主にヘッジファンドでした。

　さて，この時点でもしサブプライム層が返済不能になったとしたらどうなるのでしょうか。誰が誰に文句を言えばいいのでしょうか？　答えは「もはやわからない」です。今やサブプライムローンを組み込んだファンドは世界中の投資家に売られ，それがさらに別の投資家に売られています。もはや誰が誰に責任を負っているのかがわからなくなってしまっていました。ここに2つ目の無責任が発生します。

　一度動き出した流れは止められません。大鍋に入れられる毒は少しずつ増えていき，誰もが「これは危ないのではないか」と危ぶむようになってきました。このような無責任なシステムがグローバリゼーションの波にのって世界中に広

第15章　2000年以降の世界（サブプライムローン問題から世界同時不況へ）

がっていきました。それとともに、金融において最も大切な**"信用"**が次第に失われていきました。これがサブプライムローン問題のメカニズムです。

（3）　信用収縮の発生

そして、ついに来るべき時がやってきました。

2006年頃からサブプラムローンを手がけるアメリカの中小ローン会社の経営破綻が相次ぎました。2007年に入ると大手のローン会社も破綻危機で上場廃止されるようになってきました。6月23日にはベアスターンズが経営破綻に陥った傘下のヘッジファンドの救済を発表。7月10日格付け会社ムーディーズがサブプライム関連の債券399銘柄を一斉に格下げ、8月には世界中の銀行で信用収縮が発生しました。

図15.4は**短期金融市場**の働きを示したものです。短期金融市場というのはあまり聞きなれない言葉ですし、私たちが日常生活で接する機会もないものですがその国の金融システムの中心といえるほど重要なものです。

短期金融市場は主に銀行間のお金の貸し借りに利用される市場です。

たとえば、図15.4の金融機関Aで50の預金が余っていたとします。一方金融機関Bと金融機関Cではそれぞれ10と40の不足が発生しています。そこでAがB、とCに余った預金を融資します。これが行われるのが短期金融市場です。

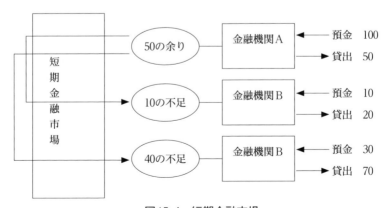

図15.4　短期金融市場

1日に何億円ものお金が「翌日には返済」といった形で激しい取引が絶えず行われる市場です。金融市場の心臓のようなもので，この市場が機能しなくなればお金の流れがストップし，その国の金融，ひいては経済が崩壊します。

　それが2007年の8月9日，崩壊の瀬戸際にあったのです。

　この日フランスの大手金融機関BNPパリバが傘下の3つのファンドの営業停止を発表しました。同じ日，いつものように出社したある短期金融市場関係者はいつもと違うオフィスの雰囲気を感じていました。静かすぎるのです。いつものなら，短期金融市場が開くと同時に「何億円の貸出」「何億円の借入」と激しい声が交わされ，パソコンの画面があわただしく赤や青に変わるはずです。ところがこの日，数十台ならんだコンピューターからは何の物音もしません。機械の前に座ったオペレーターも何も話しません。オフィスは不気味に静まり返っていたそうです。

　その理由は全く取引が成り立たないからでした。画面をみると「借り入れ」を求める側は続々と増えてきています。しかし「貸出し」を行う側には誰もいないのです。全くの空白です。これでは取引が成り立ちません。**信用不安**が発生していたのです。

　たとえば「うちの銀行はサブプライムローン関係のファンドに融資したいので，お金を貸してください」という融資依頼がきたとしましょう。この場合，誰も融資はしてくれません。当たり前です。すでに「かなり危ない」とささやかれているサブプライムローンに手を出そうとしている銀行にお金を貸す銀行などありません。

　では「うちの銀行はサブプライムローン関係のファンドに融資しないのでお金を貸してください」という依頼が来たとします。この場合もやはり貸す銀行はありません。なぜなら"信用"できないからです。いくらうちの銀行はサブプライムローン関係には絶対投資しません」といってももはや信用できないのです。そのため「貸し手」が全くいなくなってしまったのです。

　このようにお互いに信用できないで状態を信用不安といい，それがもとで金融市場が縮小してしまうことを**信用収縮**とよびます。このとき世界中の金融市

場で信用収縮が発生していました。

　信用収縮は市場のお金の流れを止めてしまいます。お金を借りようとする企業にお金がいかなくなってしまうのです。人間の身体にたとえれば，心臓が止まってしまい，血が流れず，末端の指先などに血がいかなくなってしまうようなものです。このような状況が続けば，多くの企業が倒産したことでしょう。

　ぎりぎりのところで世界恐慌にまで至らなかったのは，たまたまFRBのバーナンキ議長が「1930年代の大恐慌」を研究テーマにしており，「早い段階での中央銀行による資金の投入が不可欠である」という対策を迅速にとったからだといわれています。

　その後，この問題はいったん沈静化を見せますが，2008年3月アメリカ大手ベアー・スターンの経営破綻で再燃し，9月にアメリカ大手の投資信託銀行リーマン・ブラザースが破綻（リーマン・ショック）するにおよび，世界は本格的な金融危機，**世界同時不況**へと向かっていきました。

● 第3節　現代のアメリカと中国 ●

（1）アメリカの低迷

　アメリカ版の21世紀のバブルは世界同時不況を巻き起こして終了しました。

　1980年代のレーガノミクスによる新自由主義経済政策がIT革命とグローバリゼーションの基盤を用意しました。1990年代にはそのなかからスティーブ・ジョブズやビル・ゲイツといったIT企業家が生まれ，世界をインターネットで結びつけました。一方でソビエト連邦の崩壊により世界中はひとつの市場経済となりました。グローバリゼーションとIT革命この2つが21世紀はじめの新しい世界の方向性を示していました。

　その流れのなかで最も発展したのはファイナンスでした。マネーは世界中をあっという間に飛びまわることができました。アメリカではこのマネーの運用が盛んに行われるようになっていきました。「金融工学」「レバレッジ」etc…呼び方はさまざまですが，結局のところ実体の動かないところでお金だけが動き回るカジノ経済です。それでも当時のアメリカ人は「新しい時代にはいった。

繁栄は永遠に続く」と信じて，この経済状況を「ニューエコノミー」と名付けたりしました。

しかし「新しい時代にはいった」「繁栄は永遠に続く」の2つの言葉は，15世紀のオランダでも，1929年のアメリカでも，1990年の日本でも，そのバブルがはじける寸前に必ずささやかれるキーワードでした。

今回も全く同じでした。やっぱりバブルがはじけてしまいました。しかも世界中の経済を大混乱に陥らせるほど盛大に，です。アメリカはこの後，深刻な景気の低迷に見舞われます。郊外のショッピングセンター，モール用に造成された土地に，家を失った人たちがテントを張って住んでいる姿がテレビで放映されると，「アメリカが変わってしまった」ということを誰もが思いました。

その後，アメリカはブッシュ（2001年1月～2009年1月），オバマ（2009年1月～2017年1月）と続き，2019年現在トランプが大統領に就任しています。

トランプ大統領は「アメリカ・ファースト（アメリカ第一主義）」を主張しています。相対的に国力の低下したアメリカにとっては世界の問題よりもまずは国内問題を優先すべきであるというものです。トランプ大統領は，メキシコからの不法な移民がアメリカ人の職を奪っていると主張し「メキシコとの国境に万里の長城を作れ！」と叫んでいます。「世界はひとつの市場」と考えてきた新自由主義もまた方向を変えつつあるようです。

（2）　中国の台頭

アメリカが相対的な力を失っていくなかで，逆に中国は着実に経済発展を続けています。2010年には日本を抜きGNP第2位の経済大国へと躍進しました。

中国は，人口で日本の10倍，面積で25倍の巨大な国家でした。もともとのポテンシャル（潜在能力・可能性）はかなり高かったのです。にもかかわらず，20世紀に発展できなかった理由は，計画経済，貿易の制約，文化大革命による技術・科学に従事する人材の喪失など多々ありますが，要は社会主義経済によってさまざまな制約があり，人びとのインセンティブを発揮できず，イノベーションも行えなかったことにありました。

第15章　2000年以降の世界（サブプライムローン問題から世界同時不況へ）

　しかし1978年に鄧小平が政権をとると「**改革開放路線**」に変更されます。「**経済特区**」を作り，積極的に外国の企業を誘致してきました。これらの外国企業で働いた中国人のなかにはそのノウハウを活かして自分で起業する者，富を蓄え，そのお金で子どもを他国に留学させ，高度の技術を身に着ける者などもあらわれてきました。

　本章とのつながりでいえば2009年の「4兆元投資」でしょう。2008年のリーマン・ショック後の世界同時不況は中国経済にも深刻な打撃を与える可能性を秘めていました。当時，中国の産業は輸出加工貿易の形態をとっており，原材料や半製品を輸入し，それを加工して輸出するという経済モデルでした。それゆえ，アメリカやEC，日本が不景気で輸入を減らすと中国経済にとっては致命的な総需要の減少となります。そこで実施されたのが「4兆元投資」という公共支出拡大政策でした。4兆元とは日本円になおすと57兆円となり，この年の日本の国家予算が88兆円であることを考えるといかに巨大な額かがわかります。その内訳は内陸部のインフラの整備，国有企業の大規模投資といった分野に使われました。おかげで中国経済は一気に回復に向かいます。また中国経済の急成長を受けて，世界同時不況も一息つくことができました。

　しかし，この時，生産設備が一気に増加し，生産過剰を生み出すことになります。また国有企業や地方政府に流れたお金は不動産市場に流れ込み，各地でマンション建設が進みました。ただなかには，需要も利便性も考えずに作ってしまったためにゴーストタウンのようになっているものも多く見られました。

　2018年度の経済成長率は6.6％と高い成長率を維持していますが，人口は14億人に達しており，このような巨大な人口をどのように維持，発展させていくのか多くの課題を持っています。

[主な参考文献一覧]

[経済理論の基礎を学ぶために]
小島照男・渡邊修朗・神余崇子『経済原論』北樹出版　2010年
孫根志華・渡邊修朗『基礎から学ぶ政治と経済』学文社　2014年
孫根志華・渡邊修朗『新社会人のための政治・経済入門』立花書房　2007年
スティグリッツほか著，藪下史郎ほか訳『ミクロ経済学（第4版）』東洋経済新報社　2013年
西村和雄『ミクロ経済学入門（第2版）』岩波書店　2001年
中谷巌『入門マクロ経済学（第4版）』日本評論社　2005年
池田一新『混合体制の経済学』白桃書房　1992年

[国際経済学の基礎を学ぶために]
安田信之助編『現代国際経済論』八千代出版　2012年
安田信之助編『新講　国際経済論』八千代出版　2008年
小島照男編著『国際経済事情』八千代出版　2005年
若杉隆平『国際経済学（第3版）』岩波書店　2009年
クルーグマン著，山形浩生ほか訳『国際経済学　理論と政策』丸善出版　2017年
中北徹『入門　国際経済』ダイヤモンド社　2005年
天野明弘『貿易論』筑摩書房　1987年

[財政学および国土計画を学ぶために]
本間義人『国土計画の思想』日本経済評論社　1993年
下河辺淳『戦後国土計画への証言』日本経済評論社　1994年
川上征雄『国土計画の変遷』鹿島出版会　2008年
安田信之助編著『地域発展の経済政策』創成社　2012年
安田信之助編著『地域経済活性化とふるさと納税制度』創成社　2017年
石弘光『財政理論』有斐閣経済学叢書　1989年
山田雅俊他『財政学』有斐閣　1992年
片桐昭泰・吉田義宏・兼村高文・星野泉『財政学』税務経理協会　2001年
神野直彦『財政学』有斐閣　2012年
池上惇『財政思想史』有斐閣　1999年

参考文献一覧

土居丈朗『財政学から見た日本経済』光文社新書　2010年
井手英策『日本財政　転換の指針』岩波新書　2013年

[経済史および経済学史を学ぶために]
ロンド・キャメロン　ラリー・ニール著，速水融訳『概説　世界経済史Ⅰ・Ⅱ』東洋経済新報社　2013年
根井雅弘『経済学の歴史』講談社学術文庫　2018年
根井雅弘『経済学のことば』講談社現代新書　2004年
根井雅弘『入門経済学の歴史』ちくま新書　2010年
石坂昭雄他『新版　西洋経済史』有斐閣双書　2003年
大和正典『西洋経済史　大国の興隆と衰退の物語』文眞堂　2005年
杉山伸也『グローバル経済史入門』岩波新書
玉木俊明『ヨーロッパ　繁栄の19世紀史』ちくま新書　2018年

[経済思想史を学ぶために]
八木紀一郎『経済思想』日経文庫　1999年
日本経済新聞社編『経済学をつくった巨人たち』日経ビジネス人文庫
アダム・スミス著，大河内一男訳『国富論　Ⅰ・Ⅱ・Ⅲ』中公文庫　2012年
マルサス著，斉藤悦則訳『人口論』光文社　2011年
ホイジンガ著，堀越孝一訳『中世の秋　上・下』中公文庫　2014年
ヴォルテール著，中川信訳『寛容論』中公文庫　2016年
ホッブズ著，水田洋訳『リヴァイアサン　1〜4』岩波文庫　2016年
ケネー著，平田清明ほか訳『経済表』岩波文庫　2013年
マキャベリ著，河島英昭訳『君主論』岩波文庫　2016年
ルソー著，本田喜代治ほか訳『人間不平等起源論』岩波文庫　2015年
ルソー著，中山元訳『社会契約論』光文社　2008年
マルクス著，向坂逸郎訳『資本論』岩波文庫　2011年
ケインズ著，間宮陽介訳『雇用・利子および貨幣の一般理論』岩波文庫　2012年
シュンペーター著，清成忠男訳『企業家とは何か』東洋経済新報社　1998年

[資本主義経済を学ぶために]
伊藤誠『入門　資本主義経済』平凡社新書　2018年

223

的場昭弘『大学生に語る資本主義の200年』祥伝社　2018年
中野剛志『資本主義の予言者たち』角川新書　2015年

[経済学と歴史の関係を学ぶ]
ダロン・アセモグル＆ジェイムズ・A・ロビンソン著，鬼澤忍訳『国家はなぜ衰退するのか　上下』早川書房　2013年
グレン・ハバート　ティム・ケイン著，久保恵美子訳『なぜ大国は衰退するのか』日本経済新聞出版社　2014年
エイミー・チュア著，徳川家広訳『最強国家の条件』講談社　2011年
ポール・ケネディ著，鈴木主税訳『大国の興亡　上下』草思社　2002年
C.P. キンドルバーガー著，中島健二訳『経済大国興亡史』岩波書店　2002年
サミュエル・ハンチントン著，鈴木主税訳『文明の衝突』集英社　2001年
マット・リドレー著，大田直子ほか訳『繁栄』早川書房　2013年
中西輝政『なぜ国家は衰退するのか』PHP新書　2003年

[英語文献]
Collins Paul, *The Birth of the West,* Public Afffairs, 2013.
Cowen Tyler, *Creative Destruction,* Princeton, 2002.
Gilpin, *Global Political Economy,* Princeton, 2001.
Acemoglu, Daron & James.A.Robinson, *Why Nation Fail,* Profile Books, 2013.
Stiglitz, Joseph E., *Globalization and its Discontents,* Nopton, 2002.
Reich, Robert B., *Supercapitalism,* Viintage, 2008.
Kindlebergr, Charles P., *Manias, Panics, and Crashes,* Wiley, 2000.
Raymond, Susan, *Science, Technology and the Economic Future,* New York, Academy of Science, 1998.
O'Rourke, P.J., *On The Wealth of Nation,* Books That Changed the World, Grove Press, 2007.

索　引

あ 行

アジア通貨危機　207, 210
アダム・スミス　25, 92
アルフレッド・マーシャル　30
暗黒の木曜日　118
安定恐慌　140, 146
イギリス名誉革命　87
いざなぎ景気　149
一般意思　88
一般会計　177
イノベーション　22, 23, 60, 70, 192, 220
岩戸景気　147
インセンティブ（動機づけ）　4, 48, 60, 70, 220
ウェバー，M.　45
SDI 防衛構想　198
応益負担　175
王権神授説　84
応能負担　177
大きな政府　193

か 行

改革開放路線　203, 221
外国為替　207
開放農地　56
価格競争　13
価格調整メカニズム　29, 125
価格の自動調整機能　6, 24
カジノ経済　211
過疎　148
価値論　25
家内制手工業　94
株式会社　113
貨幣経済　68, 69
下方硬直性　128
過密　148
神の見えざる手　92
為替市場　209
官僚制　75
議会制民主主義　82, 90
企業家　17
起業家　23
規制緩和　195
機能的国家間　175

供給曲線　34
競争　8
狂乱物価　152
均衡価格　31
均衡購入量　31
金ドル兌換停止　209
金融政策　132
グーテンベルク　51
グローバリゼーション　201
計画経済　3
経済安定化機能　177
経済特区　221
経済表　79
傾斜生産方式　139
系列　158
ケインズ，J.M.　127
ケインズ革命　127
ケインズ政策　177
限界革命　27
限界効用　27
減税政策　132
建設公債　178
権利章典　87
公共投資拡大政策　131
工場制手工業　95
高付加価値　152, 155
黒死病　72
国富論　25, 92
国民（国民主権）　82
国民所得倍増計画　148
護送船団方式　143
固定相場制　153, 208
雇用・利子および貨幣に関する一般理論　127
コルベール　77, 82

さ 行

最小の政府　105
財政　174
　――財政の硬直化　180, 182
財政政策　132
財政民主主義　90
財閥解体　138
先物市場　209
サッチャー，M.　194

225

サッチャリズム　195
サブプライム　212
サブプライムローン問題　207, 211
サプライサイド経済学　199
三種の神器　147
三圃性農法　64
ジェボンズ　27
ジェントリ（郷紳）　82
自給自足　59
資源の最適配分　6, 20
市場経済　5
市場メカニズム　24, 29, 82
持続可能性（サステナビリティ）　183
私的財　90
資本家　95, 102
資本主義　104
資本主義経済　123
資本と経営の分離　102, 114
資本による支配　115
資本の無限の増殖　103, 104
資本論　105
市民　83
市民社会　90
市民政府二論　87
シャウプ勧告　141
社会契約説　86, 88
社会進化論　101
シャン・バティスト・セイ　124
自由主義社会　82
重商主義政策　76
終身雇用　144, 157
重農主義　79
自由放任主義　82, 92, 105, 125
重量有輪鋤　64
主権　84
需要曲線　31
シュンペーター，J.A.　22
　──の創造的破壊　191
省エネ　152
乗数効果　131
常備軍　75
昭和40年不況　148, 178
人口論　62
新3Cブーム　149
新自由主義　190, 195
神武景気　147
信用　207, 217, 218
信用収縮　218, 219

信用不安　218
スミソニアン合意　153, 209
制限選挙　91
政策の非対称性　192
セイの法則　124
政府関係機関予算　177
世界同時不況　219
世界分割　108
石油ショック　179
世代間の不公平感　183
絶対王政　66
全体（総）効用　27
総需要　129
総需要管理政策　129, 132, 177
創造的破壊　23
損益分岐点　10
村落共同体　56

た　行

ダーウィン　100
第一次オイルショック　156
第一次世界大戦　110
第一次石油ショック　152
大衆　121
大衆社会　122, 123
第二次石油ショック　156
太平洋ベルト地帯　148
大量生産・大量消費　152
多国籍企業　203
短期金融市場　217
小さな政府　92
地方自治　184, 185
地方消滅　173
長期の均衡点　10
長均衡予算主義　140
朝鮮特需　146
強いアメリカ　198
抵抗権　87
帝国主義論　109
鉄製農具　64
デフレスパイラル現象　163
特別会計　177
特例公債　178, 179
都市化　68
ドッジ・ライン　140
ドル不安　209
問屋制家内工業　95

な 行

ニクソン・ショック　153, 209
20世紀の危機　111, 123
日本型社会主義モデル　145
日本列島改造論　151
ニューエコノミー　204
ニューディール政策　118, 133, 177
年功序列　144, 157
農業革命　64
農業企業家　70
農地改革　138
農奴　57

は 行

ハーバート・スペンサー　101
ハサミの両刃　30
蜂の寓話　41
非自発的失業　129
ヒトラー　121, 122
火の世紀　113
ピューリタン革命　83
ファイナンス　202
フーバーモラトリアム　120
復興資金金融債　140
プラザ合意　158
フランクリン・ルーズベルト　118
フランス革命　83, 88
フランソワ・ケネー　79
フリードリッヒ・ハイエク　195
不良債権　163
ブルジュワジー　83
フルセット型産業　164
ブレトンウッズ体制　153, 208
ブロック経済　118
分業　93
ヘッジファンド　210, 216
ベトナム戦争　196
ペレストロイカ　201
変動相場制　153, 209
封建制　58
ボーダン　84
ボシュエ　84
ホッブズ　85

ま 行

マナ制（荘園制）　56
マルクス, K.　47, 105
マルサス, T.R.　62
　──の罠　63
マンデビル　41
水とダイヤモンドのパラドクス　25
民営化　195
名誉革命　83
もはや戦後ではない　145

や 行

有機的国家観　176
有効需要の原理　127
輸出加工型産業　149
輸出主導型　153
ヨーロッパの病人　192

ら 行

ラッファー曲線　199
リヴァイアサン　85
リカード, D.　26
ルソー　88
レーガン, R.W.　197
レーガノミクス　158, 198
レーニン　107, 109
レンテンマルク　120
労働価値説　26
労働関係調整法　139
労働基準法　139
労働協約　116
労働組合　115
労働組合法　139
労働三法　139
労働者　95, 102
ロック, J.　87

わ 行

ワルラス, M.E.L.　28

著者紹介

渡辺修朗（わたなべ　のぶお）
現在　城西国際大学教授学生部長
　　　千葉県警察学校講師
　　　千葉県農業大学校講師
　　　日本地方自治研究学会常任理事
　　　日本財政学会　理事
その他　大網白里市第5次総合計画後期基本計画審議会会長（2016年度）
　　　　東金警察署警察協議会会長（2015年度）
　　　　千葉県最低賃金審議委員（2015年度）　他
主な著作
『地域活性化とふるさと納税制度』(共)創成社　2017年
『日本経済の再生と国家戦略特区』(共)創成社　2015年
『地域発展の経済政策』(共)創成社　2012年
『現代　国際経済論』(共)八千代出版　2012年
『経済原論』(共)北樹出版　2010年
『基礎から学ぶ政治と経済』(共)学文社　2010年
『新講　国際経済論』(共)八千代出版　2008年
『新社会人のための政治・経済入門』(共)立花書房　2007年
『国際経済事情』(共)八千代出版　2005年
『情報リテラシー』(共)昭晃堂　2001年

教養としての政治と経済

2019年4月10日　第一版第一刷発行
2021年9月30日　第一版第二刷発行

著　者──渡辺修朗
発行者──田中千津子
発行所──㈱学文社

〒153-0064　東京都目黒区下目黒3-6-1
電話　03 (3715) 1501
振替　00130-9-98842
イラスト──冨田真琴／印刷──東光整版印刷㈱

Ⓒ2019 WATANABE Nobuo　　　　Printed in Japan
落丁，乱丁本は，本社にてお取替え致します。
定価は売上カード，カバーに表示してあります。
ISBN 978-4-7620-2906-6〈検印省略〉